[中国农业真相　臧云鹏◎著]

图书在版编目（CIP）数据

中国农业真相 / 臧云鹏著.—北京：北京大学出版社，2013.1

ISBN 978-7-301-21332-2

Ⅰ.①中… Ⅱ.①臧… Ⅲ.①农业经济—概况—中国 Ⅳ.①F32

中国版本图书馆CIP数据核字（2012）第233502号

书　　　名：	中国农业真相
著作责任者：	臧云鹏　著
责任编辑：	刘　维　许　志
标准书号：	ISBN 978-7-301-21332-2/F·3357
出版发行：	北京大学出版社
地　　　址：	北京市海淀区成府路205号　100871
网　　　址：	http://www.pup.cn　　新浪官方微博：@北京大学出版社
电子信箱：	rz82632355@163.com
电　　　话：	邮购部：62752015　　发行部：62750672
	编辑部：82632355　　出版部：62754962
印刷者：	北京正合鼎业印刷技术有限公司
经销者：	新华书店
	720毫米×1000毫米　16开本　17印张　220千字
	2013年1月第1版　2013年3月第3次印刷
定　　　价：	42.00元

未经许可，不得以任何方式复制或抄袭本书之部分或全部内容。
版权所有，侵权必究
举报电话：010-62752024　　电子信箱：fd@pup.pku.edu.cn

献给

我的妻子李箐,她是《基金黑幕》的作者;

我的儿子臧有容,他的梦想是当一个高级智能工程师;

我的女儿臧有敬,她拥有的不仅仅是美丽。

我爱他们。

袁隆平序
必须做强做大民族种业

《中国农业真相》一书的作者曾将成书内容向我作过介绍，我认为他的"外资对中国农业的渗透已经影响到中国粮食安全，应当引起各方面的警惕"的观点确实值得高度重视。粮食安全中最重要的就是种子安全的问题。随着我国市场的进一步开放，跨国公司已经长驱直入，参与到包括种子研发、种植、加工、物流、销售等农业产业链的各个环节，有的产业已完全被外资掌控。虽然我国两大主粮——小麦和水稻目前产量还比较充裕，但是从大豆、玉米的形势看，我国已从最大的大豆出口国转变为最大的进口国，由玉米出口国转变成为进口国。因此，民族种子产业的发展面临严峻形势。

做大做强自己的民族种业出路在哪儿？《中国农业真相》的作者做出了层层详尽的解读，比如针对大豆风波，就从美国农业部发布消息、跨国公司进行现货贸易、期货交易所操纵价格、产业巨头大面积收购等一系列运作，阐述了大豆形势的逆变过程，很能引起人们的深思和进一步研究。

在全球一体化的大背景下，做大做强民族种业，并不意味着阻止外资进入，这是既不符合我国既定的改革开放方针政策，也不符合中国的入世承诺。如何在开放中营造更好的竞争环境，企业又能够在这样的环境中进一步学会竞争，同时确保我们的粮食安全？目前我国的种业市场小多乱杂,全国虽然有一万多家种子公司,但有些是不规范经营,制造了一些假冒伪劣种子坑害农民。要改变这种状况,一方面需要国家加大投入,规范种子市场,增强民族种业的发展活力;另一方面则是要依靠科技进步,在品种上持续创新,保持种业发展的后劲。

科技力量不容忽视。1994年,美国人莱斯特·布朗发表了轰动全球的《谁来养活中国人》。这份报告我看过,布朗本人我也见过,他的观点是对的。他呼吁国家领导人不要把经费拿来备战,制造武器、兵器,而是要重视粮食生产,发展农业。不过,布朗对科技进步提高粮食产量的潜力估计不足。为了满足新世纪对粮食的需求,我国农业部于1996年实施了中国超级稻育种计划。经过"九五""十五""十一五"的攻关,在超级杂交稻研究方面,我国已于2000年实现了超级稻第一期大面积示范亩产700千克的目标;2004年,提前一年实现了第二期大面积示范亩产800千克的目标;2011年,又首度创下了平均亩产926.6千克的超高产纪录。这一系列的重大突破,是依靠科技进步革新种子取得的,对我国保障粮食安全具有重要意义。

"一粒种子改变世界",《中国农业真相》将给人们启示,振兴与强大民族种业的发展,中国的种子不仅能满足自己,还能走出国门。

是为序。

袁隆平

柳传志序
联想已经做好了长期奋斗的准备

似乎是一个巧合,看到《中国农业真相》的书稿时,联想控股刚刚确定了新兴核心业务:做现代农业的领军人物,这意味着联想的现代农业之路已经启程。

外资对于产业的控制和渗透并不仅仅存在于农业领域,改革开放初期成立的联想集团,正是在与外资的争夺战中一步步发展壮大起来的,这是改革开放的必然结果,也并不可怕。面对这种局面,关键要解决两个问题:一是国家要给予民营企业以公平竞争的环境;二是企业要把班子搭好、把战略定好、把领军人物找好,也就是我们常说的"管理三要素"。

《中国农业真相》这本书十分详细地解读了国际性农业综合企业在产业链运作方面的经验,对于投资和准备投资农业的企业来说,都十分值得一读。化工新材料、农业食品、现代服务业都是联想控股最为看重的行业,而且也将是2014年前联想控股的投资重点。

联想做大现代农业的决心很大,联想控股农业目前已经先从水果起步,以后将逐步进入肉类、蔬菜等生产领域,最后是粮食生产领域,联想要做的是食品行业的全产业投资,涵盖食品生产的整个产业链,最终打造一个统一的食品品牌。

要实现农业的现代化运作,人才是关键。现今的农业从业人士,多

中国农业**真相**

是未曾接受过高端教育的农民，对实现新农业专业化生产的知识了解得不够，农产品质量控制的意识不足，更欠缺对农业生产全流程的掌控能力及对企业的综合管理能力。联想进军大农业是很早就定下的目标，之所以没有实质动作，是人没选好，现在人定下来也就正式开始。

关于食品安全，我们认为，从生产、运输、冷藏、加工到销售，各个环节都有可能出问题，威胁食品安全。中国本身是一个巨大市场，联想去年在中国卖出了1800万台电脑，从品牌做起，做好了就会有很好的回报。在联想电脑畅销国内外市场的促动下，联想对工业生产的规模化、专业化运作中各环节的掌控都有着精准的把握，这对实现农业的大规模生产、农业生产各环节的专业化运作具有巨大的参考价值及指导意义。但受土质、天气等条件影响，农业生产毕竟有别于工业生产，如何将工业化生产的经验有效地借鉴应用到农业生产过程中，联想还有待探索。中国的食品安全要想形成一个正循环，终归要有人带头。

做农业是有风险，但风险主要还是来自没有很好地策划，比如今年土豆滞销，当初你对于种多少、销不掉如何处理、畅销如何处理等问题都应该提前策划好。

还有就是品牌问题，一定要一个品牌一个品牌认真去做，我们对未来农业有一个长远规划，不会急于求利。发展农业是最利国利民的事情，联想已经做好了长期不获利的准备，准备好了非常长期的投资。为保证农民的丰厚利润，联想控股将通过品牌发展获得收益，而不是从生产中获得收益。

中国的农业正处于一个产业加速转型的关键时期，良好的机遇和巨大的挑战并存，这需要一批有担当的好企业，和许许多多的有志之士以此为事业，才能取得最终的成功。

自序
把真相告诉更多的人

我希望通过这本书把中国农业的一个重要真相告诉更多的人。

这个真相就是外资控制和渗透中国农业的真相。

社会大众对于真相缺乏了解，有时比真相本身更为可怕。

中国社会的上层精英人士对于中国农业存在的问题始终相当隔膜，我原本以为，这是因为他们对于农业产业链缺乏了解，可是后来才发现，问题并不那么简单。

2008年上半年某天傍晚六七点钟，我对茅于轼先生做了半个多小时的电话采访。当时，我是《大生》杂志的总编辑，该杂志是国内唯一的农业财经杂志。采访的缘起是我在网上看到了茅先生的一个观点：国家设置的18亿亩耕地"红线"是房价上涨的重要原因。按照茅先生的意见，应该打破"红线"限制，让市场决定中国的土地多少用来盖房子、多少用来种地。由于房价高企，这样一来，势必会有大量的耕地转换为开发用地，但也正因为土地供应增加，房价会相应地降下来。

我记得问了茅先生一个问题："如果因为耕地面积减少而导致粮食减产，粮食不够吃，怎么办呢？"

"可以买嘛！"茅先生的回答十分干脆，他的意见是通过正常的国际贸易就可以解决我提出的问题。

而我了解到的一些历史事实与茅先生想象的情形恰恰相反，即一个

中国农业**真**相

国家并非在任何时候、任何情况下都可以买得到粮食。所以，对于茅先生的答案，我并不满意，因而立即追问了一句："那么，假如人家不卖给我们粮食呢？"

"怎么会呢？"茅先生当即反问我。

出于对老人家的礼貌，我没有立即反问："怎么就不会呢？"其实就在刚刚过去的2008年4月份，海地总理雅克·爱德华·亚历克西因美国减少对海地粮食出口并提高粮食价格导致社会动乱，最后被国会免职。另外，在春秋战国时期，鲁国和梁国"种桑误国"的故事也是不应忘记的实战案例。

我已经无心再听茅先生的话语，心里只是想，茅先生对于农业和粮食问题也许关注不多，所以不了解这些事吧。

倒是茅先生继续解答着我内心的疑问："一个国家不卖给我们，我们可以向其他国家购买嘛。"

考虑到采访已经持续了将近40分钟，我没有继续采访下去，尽管心里的问题仍然存在："假使所有产粮大国均不卖给中国粮食，茅先生，我们该怎么办呢？"

我知道，这是个"较真儿"的问题，对茅先生这位接受过西方经济学思想的学者来说可能也是个击中要害的问题。因为茅先生提到的解决中国人吃饭问题的办法——国际贸易——的理论根基，就是西方经济学鼻祖英国的亚当·斯密首创、大卫·李嘉图进一步完善了的"自由贸易理论"。而我假设的情形与之截然对立——贸易保护甚或贸易被强行终止。

茅先生所秉承的是基于假设的西方经济学理论，而现实生活中没有纯粹的市场经济，政治对于经济的左右，使贸易保护成为与自由贸易共生互现的双胞胎。

不久前，一位朋友向我推荐他的新书，是吴敬琏先生写的序，序中写道：

把真相告诉更多的人 | 自序

直到今天，我国的社会思潮动荡仍跟对外关系有关。在反对外人妖魔化我们时，我们敏感的神经也难以健全平易。看着年轻一代人激进的民族主义宣言，作为过来人，我们有着一言难尽的感慨。

回忆我一生的世界眼光是有趣的。在冷战时代，我们是封闭的，我们一方面不得不独立自主、自力更生，一方面宣称"我们的朋友遍天下"。那时自顾不暇，谈外谈洋色变；我们自卑又自大，但为什么我们一穷二白呢？朋友在哪里呢？谁在妨碍我们发展呢？……从国家到个人，我们都离世界文明主流相去甚远。

30年来的改革开放使得我们取得举世瞩目的成绩，我们度过了短缺经济，成为世界第二大经济体……我们个人也不再是计划体制下的灰色人，而是跟国际社会近乎同步的文明的受益者。这一经验只是中外文明交往的一个小小案例，却也雄辩地说明开放成全的可能性，而敌意、紧张等等则败坏了文明。事实上，洋务运动、北洋时代、国民政府主政的黄金十年……凡是中国快速发展的时期，都是开放的。

我们富强后的目的是什么？我们繁荣起来的价值观何在？我们服务于世界和人类文明的关键在哪里？遗憾的是，这些问题尚未得以解答，我们社会反而陷入一轮又一轮的弱者情绪里。我们对外尚未知人论世、平等相待，就再度想当然地以为他们有阴谋了……

看了吴教授的序言，我断然决定，我的书不用请他们写序和推荐了。

我对自由市场经济的天真认识，止步于我曾经编辑出版过的一本书——《刷盘子还是读书——反思中日强国之路》，这本书中，作者提醒我的一段话是：

历史证明这是一个规律：对于弱国来说，贸易保护是抵御市场经济强权、发展民族工业的盾牌。当一国从弱变强时，它就会赞同自由贸易；反之，当一国由强变弱时，它又会回到贸易保护路线上去。自由贸易和保护主义都是发展经济的手段，而不是固定的信条，对任何经济规律的无条件信奉都会带来灾难。

从这段话里我领悟到：即使没有战争，世界也不是和平的。世界是国与国之间的对立统一体。国际竞争是永恒的主题。而且，大国欺凌小国是必然的。1936年，有日本媒体问鲁迅：您怎么看待中日之间的矛盾？鲁迅回答说：两家邻居的孩子，一个孱弱，一个强壮，强壮的必然会欺负那个孱弱的。又问：那什么时候两国可以和平相处啊？鲁迅答：等那个孱弱的孩子变得和另一个一样强壮的时候。

正如吴教授序里面提到的"民族主义宣言"，也许会有人认为我的观点是狭隘的民族主义观点，对此我并不否认。因为我生在中国、长在中国，我的护照是中国护照，我的家在中国。我不可能像没家没国没感情的"理性人"那样去面对现实生活。美国人向中国出口黄豆价格越高，就意味着我得花费更多的钱才能吃上等量的油。我倒是想知道，反对民族情感的人是否和我一样，持的是中国护照，领取的是人民币。

也正如吴教授序里面提到的"阴谋"，也许会有人说：你这本书也是像宋鸿兵的《货币战争》一样的"阴谋论"，妖魔化外资。对此我同样不否认。古语说：兵者，诡道也。商业竞争也讲谋略：采取法律所允许的一切手段削弱竞争对手，增强自己，这"一切手段"自然也包括秘密策划而图之的办法。事实上会有如学者们通过理论研究假设出来的情形吗——对手非常善良，从不欺骗你，不仅不欺骗你，而且会及时地将他的意图、方法全部告诉你，把你可能会受到的打击、压力提前告诉你，并教会你应对之法，甚至他根本不和你竞争，只与你和睦相处，除了握手就是微笑，然后就是自觉地给你分配合理的利润。其实，我倒觉得，把我列为"阳谋论"更为准确。外资进入中国自然是要通过现有法律所允许的手段，达到赢利最大化的目的，这是明摆着的阳谋，而无需我去"阴谋化"一下。

《刷盘子还是读书——反思中日强国之路》的作者钟庆先生与周其仁、茅于轼、张维迎等著名经济学家就其书中的内容进行对话。钟庆先生后来告诉我，令他吃惊的是，中国的经济学家多是经济学理论所假设的没血没肉的"理性人"一样，只有张维迎谈到民族产业发展时很激动地说了一句话："我是研究经济的，按道理本来不应该讲民族责任！"钟庆说："张维迎的民族情感还没有被'理性人'磨灭，这一点就很让我感动。后来听人说起，张维迎在这一点上与其他经济学家不同。而实际上只要还有点民族情结，方式方法都好讨论。"

与周其仁先生的对话是通过电话进行的，因为周的腿骨折了。周其仁说："中国经济发展很快，过去中国什么都不会造，20年前我是从日本往国内背彩电，今天呢？全世界的东西都是Made in China！"钟庆直接应道："20年前中国什么都会造，今天什么都造不了。"周愕然。钟庆答："20年前，中国能够制造原子弹、氢弹、中子弹、卫星，今天呢？电脑芯片、显像管、干线飞机都要进口。"周其仁因中国能组装全球产品而认定中国经济发达，钟庆因中国开放无节制丢失技术力而认识到中国之落后。二人不欢而散。

同样的问题在茅于轼先生那里更有趣。在他家里，钟庆强调中国不仅要组装产品，更要提升技术力时，茅先生在思考之后突然反问钟庆："什么都由中国做了，那么日本做什么呢？"钟庆幽默了一把："日本人可以给中国人做鞋。"

在张维迎教授的办公室里，张维迎谈到中国巨大的出口顺差，以说明中国经济的强劲。钟庆却说，看经济实力，不能仅看出口货物数量和出口金额，更要看出口的"物质能量"：

中国农业**真相**

　　按照劳动价值论，商品是凝结了无差别的人类劳动。按照效用价值，因为消费商品获得了无差别的人类快感。在价值的基础上等价交换，价格受供求关系的影响而波动。这些价值都是描述商品的社会属性，实际描述的是人与人之间的关系。商品还有一个自然属性，即商品由物质和能量构成。物质和能量都最终来源于再生的和不可再生的资源。在工业化时代，地球是狭小的，资源是有限的。即使是可再生资源，单位时间、单位面积下可获得的资源也是有限的。

　　商品交换是按照商品的社会属性进行，等价交换。但对于商品的自然属性来说，却是不等价的。于是，我们可以发现国际间物质和能量的流动是不平衡的。中国是物质和能量的净流出国，日本是净流入国。中国经济高速增长，即创造的商品社会价值越来越大，物质和能量的净流出也加速度进行。但中国的资源有限，是一个抽血的过程，所以中国虽然经济高速增长却走向"贫困"。日本经济增长缓慢，创造的商品社会价值可能是负数（制造业亏损），但由于商品自然属性交换的不等价性，物质和能量的净流入持续扩大，日本越发富裕，实物物价达到与中国相当水平。财富和消费最终要落实到实际的商品上，最终需要落实到物质和能量，即商品的自然价值。商品的社会价值只是反映社会中人的相互关系，实际与财富无关。

　　对于钟庆这个工科博士的一套理论，张维迎没有说话，按钟庆的回忆："张维迎听着我的物质能量的进出口新论，似有所悟。"

　　2005年年底的这桩鲜为人知的公案，是由我策划和组织的。

　　起因很简单：当时我是一家出版公司的总经理，一位朋友向我推荐了钟庆的文章，论述的主题就是在中日两国的历史转折点上，日本虽然同样受到内忧外患的压力，但是通过有节制的对外开放，比如，一号机引进、二号机国产，实现了民族自强。而中国虽然同样对外开放，但由于缺乏节制，比如，一号机引进、二号机引进、三号机还是引进，虽然制造业表面繁荣，但是技术力丧失，虽是制造大国，却非制造强国。我受到强烈的震动。这是一些改变了我观念的文章，于是决定出版。

但是直到拿到新书，我内心一直还有一个疑问，作者书中所写的那些知名的经济学家们难道不懂得钟庆这些观点吗？为什么从来没有听他们说过呢？或者他们根本就反对钟庆的这些观点？在事关国家发展前途的问题上，我十分希望听听这些对中央政府颇有影响力、受到包括我在内的社会大众崇信的经济学者们的看法。于是，就有了前面那些内容。对话茅于轼、张维迎，我派了同事陪同前去，与周其仁的对话由于是电话交流，我听了全部过程。虽然有记者全程参与，但因故没有报道。

从结果来看，对话的双方似乎谁也没有说服谁。

倒是后来听一位在中央领导人身边做秘书的朋友告诉我，《刷盘子还是读书——反思中日强国之路》一书被高级别干部才能看到的《动态清样》摘录。

当年所讨论的内容其实同样反映在中国农业领域。中国大豆产业2004年一夜之间沦陷，油脂产业随即破产、东北大豆种植面积大幅度下降的历史事实，却从未听这些经济学者们表示过关注。

当然，写这本书的初衷，并不是排斥开放，而是推进科学开放，提醒人们重视过去粗放式开放中存在的舆论和政策问题，重新定位国有企业，创造利于公平竞争的环境，扶持民营企业发展，使企业在开放中学会竞争，使民族农业在开放中茁壮成长。改革开放30多年一路走来，中国迅速崛起成为经济大国，但改革开放毕竟是一场摸着石头过河的实验，其中的盲点及其危害也逐渐显露出来。翻看一下历年的外商投资产业指导目录就一目了然：除了转基因种子被列为禁止项目、种子被列为限制项目之外，中国农业的大门始终是打开着的。而今，转基因落地神州大地也是势所必然的了。

中国农业真相

在农业领域，中国在引进外资的进程中，是否有战略布局？除了种子资源之外，哪些还可以列入布局要点？中国如何在全球范围内规划资源类要素（比如水、土地、钾矿、磷矿等）的拓展？如何有效应对国际大粮商的"期货+贸易+种植"的产业链运作？如何集体应对国际卖家联盟的谈判？除了限制性的政策手段外，是否还有扶植性的政策？战略布局中民营企业的参与空间有多大？参与的方式有哪些？国有企业在布局中的角色是什么？国有企业是逐利性的自由企业，还是赋有实现国家战略责任的政策性企业？

这些问题不因为众多经济学者的漠视而消失，相反，经济发展到一定阶段必然会越来越凸显。

当"发展是硬道理"的本质要求是科学发展观的时代来临，我们需要有新的经济思想来指导我们的行为。在改革开放进入深水区的时代，我们需要的是重新认识有意无意指导着我们的西方经济学理论，以一个活生生的中国人的触角，去理智地面对世界，形成我们自己的科学发展观。

是为本书写作的初衷。

目录
CONTENTS

第一章 中美对决下的农业竞争 / 1

  为英国市场而生的美国农业 / 4

  巨量产能从天而降 / 6

  倾销法案两遭柯立芝否决 / 8

  胡佛抓住了牛鼻子：控制种植面积 / 10

  罗斯福：把多余食品发给城市贫民 / 12

  农业成为武器 / 14

第二章 大豆沦陷祭 / 17

  疯狂芝加哥 / 20

  价格过山车 / 22

  压榨业沦陷 / 23

  压榨企业为啥不买国产大豆？ / 25

  从封杀到示诚 / 27

  看起来很美的解决方案 / 30

  中国数据中心谁来建 / 31

  国际期货还有多远 / 33

  真功夫还要靠自己 / 35

第三章 棉花配额之战 / 37

棉农：棉价太低，不赚钱 / 39
纺织企业：棉价太高，不赚钱 / 44
中国的五个竞争对手 / 46
都是补贴惹的祸 / 48
四个利益主体的微妙关系 / 50
"缺口论"打开国门 / 52
数据谜团 / 56
悲情2003 / 59
中储棉事件 / 61
低棉价才有出路 / 63

第四章 美国：用玉米打垮世界 / 67

2022年：当玉米统治世界 / 71
点燃农产品价格导火索 / 75
能源独立的观念催生了玉米乙醇 / 78
为高油价火上浇油又为哪般 / 80
用玉米输出通胀 / 81
木薯行动 / 83

第五章 挑战国家储备 / 87

益海嘉里叫板国家收购价 / 90
国储机构率先发难 / 91

目录

  国企停购的玄机 / 93

  被挤出市场的县级粮库 / 95

  1949年米棉之战 / 97

  呼吁二次国企改革 / 98

第六章　到中国种地去！ / 101

  恰帕斯起义 / 103

  在莱阳种地的日本人 / 105

  立松国彦的梦想 / 107

  日本农业殖民史 / 109

  世界海外屯田浪潮 / 111

  走出去一定要双赢 / 113

第七章　种子的故事 / 115

  "南袁北李"的辉煌回忆 / 118

  业绩逆转的登海种业 / 120

  学不到的研发 / 123

  先锋带来的革命 / 124

  一克种子一克金 / 126

  超越登海先锋 / 127

  政策仍将收紧 / 129

第八章 转基因内幕 / 131

自杀的印度种棉农民 / 134

小白鼠实验的未解之谜 / 136

错误由政府承担，孟山都无罪 / 138

孟山都小史 / 141

进军中国路线图 / 142

虚掩的大门 / 144

《粮食法》彰显"中国态度" / 146

第九章 钾肥争夺战 / 149

苏联解体与中国崛起 / 152

中化与中农资的内战 / 154

三大钾肥联盟的同进退、共调产 / 156

三小联盟鼎足国内 / 158

商务部组织"大买家" / 160

武四海上书温家宝 / 163

关键时刻的打拼 / 165

"垄断"与1.7%的毛利润 / 167

大赢家PotashCorp / 168

设立两种类型国企 / 169

第十章 饲料：另一种玩法 / 171

从饲料切入"咽喉" / 174

目录

目标锁定六和 / 176

三井战略VS刘永好战略 / 178

铁矿石谈判中的"三井方法" / 180

一美元亏损与垄断"商权" / 182

复制不来的综合商社 / 183

刚刚开始的布局 / 185

第十一章　肉业惊魂 / 187

对赌雨润输亦赢 / 190

"斩首"双汇为哪般 / 192

高盛是谁 / 195

说服中国不如"操纵"中国 / 198

高盛式危险 / 203

"潜鲸"在行动 / 204

第十二章　猪魔咒 / 207

高盛养猪，原来虚惊一场 / 210

到中国养猪去吧，利润90%！ / 212

艾格菲没能成为"猪坚强" / 213

时代变了 / 216

刘永好的"万言书" / 219

规模化养殖与粮食安全 / 220

良种补贴补的都是洋猪 / 223

保护中国种猪，外资竟比国人热情高 / 225

宏观调控之"猪魔咒" / 228

第十三章 最痛苦的"最后一千米" / 231

黑石闪电来去寿光批发市场 / 234

中国批发业大门洞开 / 236

批发市场究竟是做企业还是做公益 / 237

家乐福成了"周扒皮" / 239

家乐福是怎样"堕落"的 / 241

错综复杂的商超利益链 / 243

自建终端的困局 / 245

相关立法时不我待 / 247

跋 / 249

第一章
The first chapter

中美对决下的农业竞争

为英国市场而生的美国农业
巨量产能从天而降
倾销法案两遭柯立芝否决
胡佛抓住了牛鼻子：控制种植面积
罗斯福：把多余食品发给城市贫民
农业成为武器

完全打开国门放外资自由进入,还是将其拒之门外闭关锁国?这个问题是中国农业发展的首要问题。主张自由贸易的新自由主义学者与外资一个腔调,只讲理论不谈农业实际,从不告诉我们发达国家的农业是如何从弱小而逐渐强大起来的,因此不足为训;主张闭关锁国的新左派们则擅作诛心之论,其理论依据是其认定的外资"阴谋",但是究竟这"阴谋"由何处来又难以解释清楚,终难让人信服。

笔者的观点是,无论中国自身的意愿如何,2001年12月11日《中国加入世贸组织议定书》生效之日起,自给自足的中国农业理想就已经瓦解,取而代之的是中国农业与西方发达国家特别是美国农业的对决之势的形成。中国闭关锁国是不可取的,也是不可能的;相反在讨论中国农业时一味鼓吹自由贸易更糟糕不过,那正是外资所希望而对中国农业是有害的。中国必须了解对手,正确应对,所谓知己知彼百战不殆。故而,在分章解读农业各个分支行业的状况之前,读者朋友们需要跟我一起对西方发达国家的重要代表、中国最大的竞争对手——美国——的农业有一个历史性的了解,看看西方发达国家为什么必然会与中国形成对决。

中国农业**真**相

为英国市场而生的美国农业

我们知道，美国独立之前是英国的殖民地，殖民地是干什么用的？工业革命后的殖民地主要是向宗主国输送工业原料，比如棉花、羊毛、铜、铁、煤炭以及黄金，同时消化宗主国的工业制成品，就是用消费保证宗主国的经济发展。现在的历史书把美国的诞生描绘成在英国遭受迫害的几十个清教徒在美国建立自治的故事，其实早期的英国移民都是探险家，他们坐船去新大陆，完全是为了寻找黄金、香料、皮毛、木材。这些探险家根本不是农民，也不懂农业，甚至连他们自己维持生存的食物也主要靠从英国定期装运粮食来供应。由于海运经常中断，他们不得不想办法养活自己。比如弗吉尼亚州的州长不得不命令所有移民必须种一块玉米地，否则就得挨饿。

黄金、香料都没有找到，皮毛和木材虽然所获甚多，但不足以维持探险家们的生存。他们必须有更多的选择。很快有四种农作物成了美国的摇钱树：烟草、小麦、大米和靛青。不过这四样东西并不是用于移民们自己享用，而是为了满足欧洲市场的需要。当时的欧洲人习惯抽西班牙殖民地的烟草，而西班牙的殖民地都在南美洲，烟草价格昂贵而且由于烤制方法的问题不易保存。1612年，一个叫约翰·罗尔夫的美国人从西班牙的第一个殖民地委内瑞拉引进了当地最著名的烟草品种"奥里诺科"，还发明了一种烤制方法使它能够长途运输而不变质。这一下就触动了英国烟民的神经——因为来自殖民地，没有关税，烟草价格大幅下降，而且不会因为长途运输而变质，这一来谁还到南美洲去贩烟啊，美国烟草业立马"火"了起来。据J.T.施莱贝克尔在《美国农业史（1607—1972年）——我们是怎样兴旺起来的》（中国农业出版社出版，1981年6月）一书记载，当时每磅（相当于0.454千克）烟草可以卖3

先令。当时英国本土的地租一年才一先令，不到一斤烟草就能抵三年地租！所以在当时，烟草被美国人称作"绿色黄金"。不过，这一来更没有人愿意种地了。州长不得不再次下令农场主每人种两英亩玉米。

小麦和大米的主要购买力来自西印度群岛。西印度群岛其实离印度很远，哥伦布发现它时误以为是印度附近的岛屿，所以称为印度群岛，后来知道是位于西半球的北美岛屿，就称为西印度群岛。这个群岛对于当时的英国甚至欧洲来说都至关重要，为什么？因为这个群岛盛产甘蔗。

11世纪之前，欧洲人是不知道"甜"是一种什么滋味的，因为甘蔗是一种热带植物，欧洲没有种植。直到十字军东征的时候，欧洲人才见到蔗糖，一尝之下惊为美食，但由于运输不易，蔗糖价格不菲，成为身份的象征。16世纪海运发展起来之后，蔗糖开始普及但仍不便宜，无论英国、法国、西班牙、荷兰，均通过自己的殖民地获取蔗糖，除了自用，多余的卖给没有殖民地的欧洲国家。西印度群岛处于北纬10°～27°之间，属于热带，一时成为种植甘蔗的首选之地。由于1英亩甘蔗所带来的收益等于5英亩的玉米，所以岛上的种植园主和农场主大量种植甘蔗，以至于其他所有的东西都必须通过进口解决。而美国可以由海路非常容易地到达西印度群岛，于是就成为该岛的粮食供应基地。

美国南部殖民地的另一种作物靛青（一种蓝色草，浸沤而成的汁液用于染布，颜色经久不褪）深受英国和殖民地当局的青睐，并始终受到奖励。对靛青的奖励直至1783年终止，原因是南美和印度生产的靛青替代了美国在英国市场的位置。于是农场主大量缩减生产，1787年左右，靛青种植园主全部转为棉花种植园主。

据《美国农业史（1607—1972年）——我们是怎样兴旺起来的》记载，1770年，英国对英属西印度群岛的出口额达84.4万英镑，而后者对英国的出口总额达163.6万英镑。可以说，美国农业就是为英国市场而生的。英国将美国建国以前的农业发展提前了一个世纪，如果没有海外市场的支撑，美国农业只有等到美国城市化之后，或者欧洲缺少粮食的时候才有机会快速发展。

巨量产能从天而降

美国独立在美国农业史上绝对具有里程碑式的意义，因为土地面积扩大了十几倍，在移民速度不能满足劳动力需求时，科技进步催生了农业机械化，巨量的产能从天而降。

独立之前美国国土只有东部的13个州，面积约80万平方千米。1783年独立后，新成立的美利坚合众国政府废除了英国政府颁布的禁止移民西进的法令，许多来自东部沿海地区和欧洲的移民纷纷越过阿巴拉契亚山脉涌向西部。这就是历史上的"西进运动"。

西进运动共分为三个阶段：18世纪末至19世纪初为第一阶段，当时美国从法国手中购买了路易斯安那州，大批移民涌入西部，开拓了俄亥俄、肯塔基和田纳西等地区，这些地区成为后来主要的产粮区。1815年以后，在大湖区建立了谷物和畜牧业基地，在濒临墨西哥湾介于佐治亚南部和路易斯安那之间的平原地区开辟了棉花种植园，这是第二个阶段。最后一个阶段从19世纪中期开始，开拓了俄勒冈、加利福尼亚等地。此外，美国还从西班牙手中购买了佛罗里达、从俄国手中购买了阿拉斯加等地，领土面积迅速扩张至962.9万平方千米，一跃成为世界上国土面积最大的国家之一。

但是同一时期，劳动力只增加了72%。《世界年鉴：1992年》（1992年版，纽约）记载，1790年，美国人口为392.9万，1890年达到了6297.98万，尽管增长了15倍，但是人口密度也只有每平方千米6.5个人。相对于迅速呈现的广袤的土地来说，劳动力资源是远远不够的。这就为科技进步明确了目标：最大的发明自然来自节省劳动力而不是来自节省土地。托马斯·杰斐逊说："在欧洲，由于劳动力的充足，就应该以尽量利用土地为目的；而在我国，由于土地充足，就应该以善于利用劳动力为目的。"这个时期的机械的设计思想十分明确：增加每一个人的生产量，而不是增加每亩土地的生产量。

机械化从犁开始。英国清教徒移民到美国后12年内没有使用过犁。当时的犁非常巨大而且笨重，需要两个人操作：一人扶犁，一人牵牛。由于没有金属，要把地耕3英寸深，就需要6～8头牛，一天只能耕作一英亩。1868年约翰·赖恩发明了冷轧钢犁，适宜耕种比较硬的土地，受到农民的普遍欢迎。随后双轮犁、多铧犁、乘式犁、圆盘犁相继被发明出来，1880年，附有播种器的双铧犁以及乘式多铧犁的出现，使一个农场主所能耕作的土地增加了一倍。大草原迅速被征服。

在犁之后，插秧机、中耕机、收割机、除草机等相继出现。到19世纪末，耕种收割的各个环节基本上都用机械替代了。大规模使用农业机械，使劳动效率大大提高。据厄内斯特·L.鲍嘉所著《美国国民经济史》，1855年，收割玉米需要39个小时干完的活，1894年只用15个小时就能干完；1830年生产20蒲式耳小麦需要61个小时，1896年只需要3小时；1850年收一吨牧草需要21小时，1895年只需要3个多小时。

由此，美国的粮食生产有了突飞猛进的增长。来自美国农业部的资料显示，1866—1899年，美国玉米总产量发生两次飞跃：一次是从1869/70年度的7.82亿蒲式耳增长到1970/71年度的11.25亿蒲式耳；第二次是在1885/86年度首次突破20亿蒲式耳，达到20.58亿蒲式耳。在19世纪末最后一个年度（1899/00）达到26.46亿蒲式耳。

巨量的产能几乎是从天而降，如果说这之前美国的农产品供给，与欧洲特别是英国和西印度群岛的市场需求形成了一种市场平衡，那么现在平衡被美国的巨大产能打破了,比如小麦和大米,原本只供给西印度群岛,现在做到这一点已经绰绰有余,小麦和大米必须同时向整个欧洲扩张才能化解生产过剩。

倾销法案两遭柯立芝否决

历史的实践证明,化解美国农业危机的办法通常有两个,其一是战争。战争需要大量军粮,另外,战后必然有饥荒,也需要大量的粮食。这两种需求都是急迫型的,需求方根本不能在乎价格。从1607年英国移民踏上美洲,到美利坚合众国建立的169年间,欧洲大陆共发生了大大小小12次战争,短的两年,长的持续了30年。这些战争的重要结果之一,就是为美国农业提供了巨大的海外市场,一方面战争使欧洲各国的农业遭受重大打击,需要大量进口粮食以维持国民生存;另一方面,因为英国在战争中的完胜,作为英殖民地的美国获得了在英国甚至整个欧洲的粮食出口垄断权。可以说,欧洲人民苦难来临的时候,就是美国农场主欢欣鼓舞的时刻。不过,美国人也有痛苦的时候,那就是战争结束的时候——美国农场主被严重过剩的粮食产量压得喘不过气来。化解危机的第二个设想应运而生了,这就是倾销。

1918年11月,历经4年的第一次世界大战停战。这个好消息对于美国农场主和美国政府来说意味着新一轮危机的来临。美国官员急于完成的一件事情是向欧洲提供救济和重建贷款,以便他们更快更多地购买美国的农产品。

由于缺乏贷款,欧洲已经没有能力再以战时的高价来购买美国的食品,美国工农业产品价格面临崩溃。1919年1月,英国取消了月度食品订单,恐惧开始蔓延。在美国外交关系委员会出版的《1928年美国的外交关系调查》一书中,有一篇以美国国家工业会议委员会名义撰写的《盟国间债务与美国》,其中记载,时任食品管理局局长的赫伯特·C.胡佛在写给威尔逊总统的一封信中急切地讲道:

我们的制造商有大量的存货……正等待出售。尽管我们能够保证对众多日用品厂商的承诺,但严峻的形势是,大量的肉类产品即将腐烂,因而必须马上出口……如果不采取有力措施应对这种局势,我们在美国的市场就将崩溃,而且,由于从银行进入肉类商品部门的未付款有数百亿美元,我们不仅会陷入财政危机,而且会出卖卷入这场危机的美国农民。食品过剩是如此之大,以致美国市场根本无法吸收,因为它们易于变质,所以即将被浪费掉了。

最后,威尔逊总统决定绕过国会给予欧洲贷款,因为根据贷款法规定,总统有权决定战争何时合法结束。

但是,农产品价格还是跌下来了,到了1921年年底的时候,农产品和猪肉的价格跌到了之前的60%,但是这一时期的工业品价格却保持在相对较高的水平,这就使得农场主们雪上加霜。随着1923年沃伦·哈定总统的病逝和卡尔文·柯立芝总统的继任,危机在一步步加重。

相关产业也感到了疼痛。一家生产犁的企业莫兰犁公司在破产之前提出了一个自我挽救计划,这个计划就是恢复一战中曾经存在的出口市场,他们认为自己的生存依赖于农场的繁荣。他们的提议被列入了当时十分著名的一项议案——《麦克纳里-豪根议案》,这是由俄勒冈州的参议员查尔斯·麦克纳里和艾奥瓦州的众议员豪根·S.约翰逊联名提出的议案,其基本的内容是:

建议设立一个政府机构来收购任何剩余产品，收购价格为战前的平均水平，政府可以根据需要在国内或国外出售这些产品。如果出售给国内的消费者，那么就提高关税；如果出售给国外，就得亏本销售，政府的损失由"平衡费"来补偿。

当时的农业部长亨利·C.华莱士支持这个法案，但商业部长赫伯特·C.胡佛坚决反对。1927年国会通过了这个议案，但遭到总统卡尔文·柯立芝的否决。柯立芝认为，这个议案实际上会鼓励生产过剩，而向国外倾销剩余产品并限制他国向美国出口工业品，是一种损害他国利益的做法，势必引起贸易战。

不过，为了向国外低价倾销，以便自己蒙受的损失能从别的国家那里补回来，美国的农场主以及相关企业已经结成了卡特尔，这个被称为农业集团的强大组织和总统打起擂台来，他们通过不断的游说，使提案于1928年再次以高额的票数获得通过，但是再次被柯立芝否决。

胡佛抓住了牛鼻子：控制种植面积

1929年，赫伯特·C.胡佛当选总统。他的运气实在糟糕透顶，世界经济第一次大萧条伴随他的上台而到来。前一年，由于苏联木材的竞争，美国的木材拉开了农产品降价的序幕。1929年加拿大小麦过剩，直接压低了美国粮食价格。就此引发大萧条。《新美国经济史：从殖民地到1940年（第二版）》（里米·阿塔克/彼得·帕塞尔著，中国社会科学出版社2000年版）记载，1929年，美国农业总产值为138亿美元，到了1932年却只有65亿美元；1929年的玉米和小麦价格分别为每蒲式耳0.77

美元和1.08美元，1933年则分别跌至0.19美元和0.33美元。

美国历史上对于这位总统的评价不太高，但是在农业问题上他却抓住了牛鼻子：控制种植面积以减少粮食产量。他提出的农业销售法案获得国会特别会议通过。

根据销售法案，联邦农场局成立，获得5亿美元的巨款用于与农业合作组织合作。并于1930年成立粮食平准公司和棉花平准公司，在市场上公开购买以抬高价格。两个公司迅速购买了大量的粮食和棉花，但是结果却始终没有上升到可以抛售的水平。到了1930年6月，粮食平准公司已经库存了2.57亿蒲式耳小麦，然而销路仍未打开，于是只好停止收购，一个月之后，小麦价格滑落到每蒲式耳57美分并在之后继续下跌。1932年，棉花平准公司的仓库中堆积了325万包棉花，也不得不停止收购，棉花价格跌至每磅5美分。

1933年，联邦农场局撤销，一结算，共计亏损1.84亿美元。

历史书上说，胡佛当政时期，由于科技进步，亩产量大大提高，生产依然过剩，抵消了平准公司的作用。但是就玉米的情况看与此说并不相符。据美国农业部统计数据，在胡佛主政的1929—1932年，1928/29年度，单产量为每英亩26.30蒲式耳，比1927/28年度低了0.1蒲式耳，1929/30年度继续降至每英亩25.70蒲式耳，最低的年份是1930/31年度，仅为每英亩20.50蒲式耳，1931/32年度才回升至24.50蒲式耳，1932/33年度为26.50蒲式耳，仅比1927/28年度高0.1蒲式耳，与1925/26年度的27.4蒲式耳相比仍有较大差距。

总结胡佛农政的失败，其实有两方面的原因，一是收购上来的粮食没有找好销路；二是胡佛期待的农场主大面积自愿合作的局面没有出现，大家的种植意愿不降反升，农场主以外的方式与新总统接着打擂台。仍以玉米为例（美国农业部数据），1928/29年度农场主意向播种面积为1.004亿英亩，比上一年度的9846万英亩多了差不多200万英亩，

1929/30年度有所降低,为9913万英亩,只减少了67万英亩,但1930/31年度却高达103.92万英亩,增加了479万英亩。之后的两个年份又步步高至1.0936亿英亩和1.1302亿英亩。1932/33年度比1928/29年度提高了1280万英亩的种植意向。

罗斯福:把多余食品发给城市贫民

富兰克林·D.罗斯福似乎是为了结束大萧条而生的一任总统。他也像胡佛总统一样抓住了问题的实质——粮食过剩,但是他在限制生产方面比胡佛要更显得有办法。他出台的1933年农业调整法主要以两个公司来进行运作,一个公司是商品信贷公司,他只与遵守种植计划的农场主进行合作,发放两种贷款,种植贷款和储藏贷款,种植贷款以农产品作抵押物,如果农作物卖出好价钱,农场主可以卖出谷物归还贷款达到利润,如果价格低,商品信贷公司通过支付不足款项弥补农场主。储藏贷款则用于修建仓库,把过剩粮食存放至价格高时再出售。据统计,1932—1936年,政府直接支付给农场主约15亿美元。这部分损失由向加工企业如罐头厂、屠宰场、磨坊厂征收的特别税来补偿。

与商品信贷公司同样成立于1933年的联邦剩余商品救济公司,功能是购买多余的农产品发放给城市贫民,保证饥饿人口的食品需求,同时保证价格稳定。

这项改革在初期是卓有成效的,小麦农场主有80%或多或少地减少了种植面积,玉米种植面积缩小了50%,棉花减少了75%。没想到的是,1933年法案在1936年被最高法院裁决为违法而不得不撤销,原因有两个:一是加工商认为向他们征收的特别税应该成为一种普遍征收的税,而最高法院认为，这项税收不是为了公共福利而征收因而不必再征收；二是农业部与农场主的合同不符合各州独立管理农业的规定。

作为一种替代品，国会于1936年2月又迅速通过了《土壤保护和国土乡派任务条例》，因为土地耗竭严重的作物往往就是生产过剩的作物，实际上是以土壤保护之名继续1933年法案。但是这项法案也失败了。因为政府与农场主之间的合同一律无效而不得不采取自愿合作的办法，而农场主可以使坏土地停止生产，同时提高好土地的产量。

罗斯福总统的决心是强大的，于是，1938年的法案又出台了。根据这个法案，农业部必须每年估计每种作物所需要的种植面积，并根据过去的生产记录把准许的面积按比例分配到各州继而到各县，各县的农业组织再按同等比例分配到农场主。农场主会因为在自己的份地内耕种而获得补偿。如果农场主不予合作，那么他不仅得不到补偿，农业部还可以对其实行销售限制。

种植面积限制和销售限额的办法是有效的。据《美国农业史（1607—1972年）——我们是怎样兴旺起来的》记载，1937年小麦种植面积为8100万英亩，1938年下降为6300万英亩，下降趋势一直延续到1944年。玉米的情况也是类似的，美国农业部数据表明，1936/37年度种植意向面积为1.0196亿英亩，1937/38年度减少了479万英亩，为9717万英亩；1938/39年度继续下降553万英亩，达9447万英亩；1939/40年度减少283万英亩，为9164万英亩；1940/41年度减少295万英亩，为8869万英亩；1941/42年度减少185万英亩，为8684万英亩。从1936/37年度至1941/42年度，一共减少了1512万英亩。减少比例为14.83%。

但是，奇怪的是，面积虽然减少，但是总产量却没有按预期降下来，不仅如此，总产量反而在提高。这是因为，单产量惊人地提高了。

农业成为武器

如同第一次世界大战一样，第二次世界大战再次挽救了美国过剩的农业生产，救济费用和军事贷款就把1945年至1947年的剩余农产品全部包下来了。但是1947年的不景气终于不可避免。"马歇尔计划"应运而生，该计划以国务卿乔治·马歇尔的名字命名。

该计划又称"欧洲复兴计划"，但是与一战后帮助欧洲重建以获取经济利益的商业目的不同，该计划主要是用于实现政治目的——控制西欧对抗苏联。意识形态的介入使美国农业的扩张性增添了侵略性的色彩。扩张性往往以他人的损失弥补自己的损失，而侵略性的重心首先在于打击对手。

战后的欧洲农业遭到彻底的破坏，出现了大面积饥饿，1946—1947年欧洲西北部的寒冷加重了这一局面。在战前西欧的粮食供应主要依赖东欧国家的余粮，但是这一贸易通路因为政治原因而被中断，这个政治原因就是横贯欧洲大陆的政治"铁幕"。德国的情况尤为严重。负责经济事务的助理国务卿威廉·克莱顿在给华盛顿的报告中写道："数百万人正在慢慢饿死。"

基于这种情况，粮食成为实施"马歇尔计划"的主要手段。该计划共计130亿美元（如果加入通货膨胀因素考虑，则相当于2006年的1300亿美元），其中32亿美元用于购买美国的粮食、饲料和肥料等。作为代价，接受援助的国家必须向美国开放市场。

由于战前几年政府保护价总是高于市场价格，因此农场主经常放弃抵押给政府的谷物而获得贷款，政府由此掌握了大量的谷物，战后几年约50%的出口农产品是通过政府援助计划出口的。

这可能是第一次把农产品出口与美国外交政策结合起来。这一方面使美国的外交多了一种粮食武器,另一方面大大鼓励了美国的粮食倾销,国内粮食生产过剩进一步高涨。前几任美国总统限制粮食产量的努力就此付之东流。

"马歇尔计划"的实际执行者是威廉·克莱顿和乔治·肯南。威乔治·肯南是"遏制"政策的制定者,他还是美国现实主义外交理论的开创者。他的名言是:影响那些可以影响他国主要领导者的人,使他们认为你希望他们干的事情就是他们认为应该干的。这一理论后来被命名为我们所熟悉的"和平演变"。

由于"马歇尔计划"尚未执行完毕,朝鲜战争就开始了,所以美国农产品过剩危机的到来一直被推延了许多年。1953年7月停战之后,农业危机又来临了。为了彻底解决危机,美国国会于1954年通过了《农产品贸易发展和援助法》,使粮食援助制度化。这个法律后来经过不断修改,但宗旨未变:开辟海外市场,将销售收入用作长期优惠贷款给予受援助国,或直接作为救济物资,相应地美国政府将给予农场主以出口补贴。

这项法令是有决定性意义的,因为之前美国农产品过剩除了战争没有别的解决方法。也是从此开始,美国农业政策的重心从限制种植面积转向了对外倾销。而成为外交政策的一个有机组成部分,则使美国农业成为彻头彻尾的侵略性产业。这一本质在20世纪70年代已经成为公开的秘密。比如曾在1971—1976年先后为理查德·尼克松总统和杰拉尔德·福特总统担任农业部长的厄尔·布茨,就公开在1974年11月19日的《时代》杂志上撰文:"粮食是一种手段。它在美国外交谈判中是一种武器。"更为大家耳熟能详的名言则来自中国人熟悉的美国国务卿亨利·艾尔弗雷德·基辛格:"如果你控制了石油,你就控制了所有国家;如果你控制了粮食,你就控制了人类。"这些观点的公开传播,证明了美国粮食出口根本不是有些人士所说的什么阴谋,而是一种来自均势政治思想的国策。尽管后来的农业法案屡有修改,但是都没有偏离这一方向:

中国农业真相

通过高额的农业补贴向海外市场倾销农产品，把粮食援助或商业出口作为一种筹码，以换取别国在贸易和政治上的让步，获取美国所需要的矿物资源和能源，向有支付能力的国家索要较高的粮食出口价格增加国家收入，影响其他国家在联合国中跟随美国表态，以及在人权问题上向他国施加压力等等。

需要补充一点的是，为了打开世界各国的贸易保护大门，美国于战后提出成立国际贸易组织。1944年7月，联合国货币及金融会议在新罕布什尔州布雷顿森林的华盛顿山大旅社举行。会议建立了以美元为中心的国际货币体系，并且计划成立世界银行、国际货币基金组织、国际贸易组织三大组织，后由于国会的反对，国际贸易组织暂时流产，但在3年后的1947年10月，又于瑞士日内瓦以关税及贸易总协定的名义面世。这就是世界贸易组织的前身。至此，美国农业长驱直入海外市场的完整模式打造完成：高额补贴本国农业＋低价倾销他国＋敦促他国市场准入。

了解了美国农业形成的历史，我们也许会更加清醒地认识到中国农业今天所面临的挑战。以下各章笔者将带领读者朋友们进入农业产业链的各个环节，近距离观察外资渗透的路径、方法以及现状。按照产业链的形成顺序，我们应该从种子和化肥开始说起。不过，笔者思考再三仍然不自觉地想从大豆说起，这不仅因为《大生》杂志第一期的封面报道就是《大豆阻击战》，大豆是我以及大生人认识农业的开端，还因为大豆一役之惨烈程度无可比拟，它完整地再现了几个公司击垮一个产业的"完美"手法，同时清晰地反映出中国政府、企业、学者、舆论在国际级对抗中的缺陷，足堪列入"跨国对抗经典教案"。

第二章
The second chapter

大豆沦陷祭

疯狂芝加哥

价格过山车

压榨业沦陷

压榨企业为啥不买国产大豆？

从封杀到示诚

看起来很美的解决方案

中国数据中心谁来建

国际期货还有多远

真功夫还要靠自己

2003年12月,芝加哥的冬天用当地气象预报员的话说是"血淋淋的冷"。不过对于来自中国东北大连的李广富来说,这算不得什么。街头已经出现了圣诞树,但是他的心思全在大豆上。

来美国已经第三天了,中美双方的谈判还在继续。谈判的焦点主要在价格上。美国人坚持采用芝加哥期货交易所的期货价格作为定价基础,而芝加哥期货交易所的大豆价格从8月份的500美分/蒲式耳一路猛涨到了12月份的700多美分/浦式耳,涨价的起点是8月12日,那一天美国农业部调低了美豆产量预测,理由是天气干燥。把计量单位翻译过来,并按当时的汇率计算,相当于从1900元/吨涨到了2661元/吨。这是什么概念呢?马上就要签约的大豆合同数量为250万吨。这要多花多少钱!小学生都能算出来。

令中国商人更为犯嘀咕的是,下一步的价格会怎样呢?上升,还是下跌?要知道,即使签完合同后马上发货,到达中国东部港口最快也要两个月。两个月时间价格降下来自然好,接着涨可就完了。这就是风险。许多专家都说,现在的价格是历年来罕见的,基本上达到了顶点,不会再涨了。可是谁知道呢?李广富知道,生意场上没有绝对的事。

中国农业**真相**

疯狂芝加哥

美国中西部时间12月18日下午1点，签字仪式在芝加哥期货交易所的董事局会议室里举行。除了官方和企业界人士，美方还专门请来了美国《华尔街日报》、《纽约时报》、《世界日报》、伊州电视台等9家媒体及中国中央电视台驻美记者，100多人的现场顿时春意盎然。

美方出席仪式的最高级别代表为伊利诺伊州的参议长埃米尔·琼斯，中方采购团领队则是时任商务部副部长的廖晓淇。签字仪式的主角是中美双方的企业，美方共有10位代表：ADM、特福芬、路易达孚、ZEN-NOH、诺贝尔谷物、邦吉、FGDILLC、CENEX HARVEST、嘉吉、康尼格拉；中方企业代表共12位：中国粮油食品进出口（集团）有限公司、大连华农豆业集团股份有限公司、秦皇岛金海粮油工业公司、浙江省粮食集团有限公司、汕头市中星油脂有限公司、大连华良企业集团有限公司、龙口新龙食油有限公司、中谷粮油集团公司、山东渤海油脂工业有限公司、金光食品（宁波）有限公司、统一嘉吉（东莞）饲料蛋白科技有限公司、福建康宏股份有限公司。

双方分列两边，眼神中都流露出兴奋的光芒，打了近10年交道，双方老总第一次面对面。其中最兴奋的莫过于李广富了，他的大连华农豆业集团股份有限公司成立于1989年，每年以29%的速度增长，今年压榨规模已经达到350万吨，销售收入超过50亿元。李广富的雄心是成为中国油脂行业的旗舰，下一个目标是年压榨量达到500万吨。为了达到这一目标，他成立东莞华农公司立足珠三角市场，成立南京华农辐射长三角市场，成立霸州华农占领京津唐地区。尽管同行的有中国粮油进出口界的大佬中粮集团，但是由于此次李广富抛出去的采购单高达80万吨，一举超过中粮，因此他毫无悬念地成了今天的主角——在随后举办的

"中美大豆行业联合研讨会"上,李广富作为唯一一个企业代表做了专题发言。

尽管媒体之前就已经得知签约的数量,但是签字现场仍然爆出了冷门:在签完250万吨(14亿美元)采购合同之后,双方竟然又签了一份250万吨的意向合同!美国大豆协会人士马上激动地指出:如果第二份合同能够履行,中国本年度采购将达到900万吨!消息不胫而走,迅速穿过玻璃,冲下楼梯,传遍整个交易大厅,全场震撼,交易员全部停止叫卖,发出雷鸣般的欢呼。

大雪跟随着冷风穿过芝加哥的街道,然而在芝加哥人的眼中,一切都那么给力!美国人不禁激动地想起美国作家诺曼·梅勒的那句名言:"芝加哥是一座伟大的城市,是美国硕果仅存的伟大城市!"

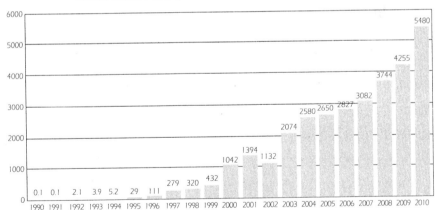

我国大豆进口量(1990—2009年)(单位:万吨)

资料来源:国家统计局

价格过山车

22日，中国大豆采购团启程返回中国。23日，大豆价格继续暴涨，31日，2003年的最后一天，美盘报收于789美分/蒲式耳。

真是人走背运喝凉水都塞牙。整整一个春节，中国的大豆采购商们都过得提心吊胆，大豆价格一路飘红，过了年，等到2004年3月份，终于冲上历史高点——1064美分/蒲式耳。读者朋友也许会问了：不是已经签完合同了吗？为什么还担心价格上涨呢？后来价格上涨不是说明签合同时的价格是低的吗？要回答您这个问题，就需要说清楚大豆采购中的定价方式。

美国大豆的定价方式是期货价格＋升贴水。升贴水反映的是商品现货市场与期货市场价格之差，这个差值为正数就是升水，反之就是贴水。说白了，就是买卖双方所在的两个市场的运输费和持有成本，持有成本包括储存费用、利息、保险费用等。双方签订合同只谈定这些费用，就是确定了升贴水，但是并不确定期货价格，而是在合同确定的交货期限之内由买方在双方约定的期限内选择一个日期的期货价格作为合同中的期货价格。这个办法看起来对买方有利，其实存在极大的不确定性，因为买方在选择期货价格时必然对未来价格趋势进行判断，而判断就可能会有失误。所以，现货商都要通过套期保值的策略来降低其中存在的风险。

从后来的媒体报道中得知，李广富签的价格是4100元/吨，换算之后为1078美分/蒲式耳，是相当高的价格了。其实这还算低的呢，按照14亿美元购买250万吨计算，单价相当于4635元/吨。

读者朋友可能又要说了，水涨船高，大豆价格涨了，豆油和副产品豆粕的价格也会同步上涨啊，成本推升嘛，反正可以将涨价的部分转嫁到消费者身上。

您说得没错。可是谁又能想得到呢？采自美国的大豆刚刚到货，美国农业部公布美豆获得意外大丰收,芝加哥的大豆期货价格就一路狂泻,从4月份开始,四五个月之内重新跌回500美分/蒲式耳左右。这样一来问题就出来了:你得按你选择的最高点的价格支付货款,但反过来你又要按跌下来的价格出售豆油和豆粕。简单说,中国大豆采购团以4000元以上/吨的价格采购的250万吨大豆每加工一吨就要亏200元。中国大豆商一片愕然,然后是惊恐,再然后就是逃跑了——已经订购的大豆干脆不要了,美国人再打电话到中国要求履约,停机了,关机了,电话无法接通了……

压榨业沦陷

中国人怒了,准确地说是中国的媒体怒了:"大豆价格被操纵了吗?""中国为何以最高价购买美国大豆?""中国是全球最大的大豆消费国,为何没有定价权?""国际基金高位狩猎中国!""美国农业部和大豆协会提供虚假数据!""数据有无人为操纵因素?"……

伴随着媒体的声讨,国内大豆压榨企业艰难地走到了2004年的11月份,这个月大豆油最低跌到5500元/吨,豆粕最低跌到2400元/吨。亏损一步步放大。李广富的华农豆业在进退维谷中只好选择停产。全国7个厂全部停产,每月损失高达3000万元。

经历了连续7个月亏损之后,2005年5月16日,压榨能力占全国一半的16家中国压榨厂家聚首北京,达成一致对外的意见:国际大豆供应商必须降价,否则大家将联手减少第二季度的进口到货量,并将下半年进口量减少一半,同时共享现有库存。

国内商家的动作果然有了效果,四天之后,国际大豆供应商们也来到了北京,研讨联合应付来自中国压榨商的威胁。研讨的结果正如后来媒体报道的那样：硬挺着的中国压榨商已经到了一根稻草就能被压垮的地步。谈判不如收购！2005年9月7日，ADM董事长兼总裁艾伦·安德烈在华尔街发表了一份报告，报告中称："中国有投资机会。"美国大豆协会中国代表处向其总部写信称："今年是进军中国、整合大豆行业的时候了。"

李广富的企业卖出了部分股权，2005年10月25日，他与托福国际集团主席史蒂芬在战略合作协议上签字。说是战略合作，其实是出售了湛江华农30%的股权。托福国际是什么背景呢？大股东就是美国的ADM。之后李广富的南京华农被邦吉拿走，东莞华农归了嘉吉，霸州华农则被路易达孚兼并。这四家国际粮商通过快速收购，很快掌握了中国三分之一的加工能力。至2006年4月底，仍在开工的97家大豆压榨企业集团中，外商独资或外资参股的有64家。翻看中国前十大压榨企业的资料，可以一目了然地看到，无任何外资参股的企业仅剩一家——黑龙江九三粮油工业集团。九三粮油工业集团为北大荒集团的全资子公司，该公司总经理田仁礼历来拒绝采用美国大豆。其实九三油脂也早就被外资盯上了。最早向九三油脂伸出橄榄枝的是ADM。田仁礼至今还记得前来向其表示合作意向的那个ADM的中层经理，干净的白衬衫、笔挺的西装，脸上始终挂着平和的微笑，让人感到自然、亲近。不过，田仁礼心里清楚得很，他们看上的是九三油脂的压榨能力——1.5万吨/日。

首先到来的ADM，随后而来的嘉吉、邦基、路易达孚在谈判中所提出的条件中均包括这一点，就是必须购买进口大豆。这是外资开出的不容商量的条件，但也是田仁礼绝对不可能答应的条件。田仁礼给合资制定了三条绝对不能打破的原则：第一，九三必须绝对控股；第二，不能提"我必须买你大豆"之事；第三，外方不能逃税。

田仁礼一向力挺国产大豆，据说是为了争取中国大豆的话语权，但是再强的硬汉也经受不住成本的打熬。一次次无奈，迫使田仁礼打破了不使用进口大豆的信念。2004年在大连，2005年在天津，九三油脂分别建立了两个分厂。这两个工厂采购的原料就是进口大豆。这不能不说是美国大豆供应商的厉害之处——不战而屈人之兵。

压榨企业为啥不买国产大豆？

2011年3月，黑龙江。

黑河市金秋大豆合作社社长何树文的18公顷土地总共收了近8万多斤大豆。但何树文却并没有因为大豆的丰收而高兴。现在小贩上门收购的价格大约是1.8元/斤。大豆成本大概在1.45元/斤左右，去掉成本最后每斤大豆只落几毛钱。大豆的产量低，湿玉米卖0.7元/斤，产量是大豆的三倍多；水稻是1.4元/斤，产量是大豆的五倍。去掉所有的费用，一公顷大豆剩下三千多元，玉米是九千多元，水稻是一万五千元。

这样算下来，何树文觉着自己辛辛苦苦种了一年的大豆，实在不划算。放弃大豆改种别的作物已经列入了明年的计划。像何树文这样弃种大豆的豆农在东北并不在少数。压榨行业重新洗牌之后，国产大豆日渐式微，种植面积从2004年的1045.9万亩减少至2007年的835万亩，2010年虽然有所回升，达到了880万亩，但是仍低于2000年的水平。

有人算了一笔账，每多进口100万吨大豆，中国东北就有130万的农民离开大豆种植业甚至离开土地，甚至是失业。

读者朋友或许会问了：中国的压榨企业为什么要选择购买进口的大豆作为原料呢？是不是进口大豆质量好，或产量高，或成本低？

答案都是"NO"。

当年《大生》杂志记者赴黑龙江当面采访田仁礼的时候，他十分激动地拿出了四份研究报告，这四份报告分别来自美国、巴西、阿根廷和

中国农业真相

中国，报告证明，美国大豆的产量每亩340斤左右，南美是360斤到380斤左右，中国山东是370斤左右，而东北达400斤左右。

论质量，美国西部地区的大豆跟黑龙江的水平差不多，甚至还略低一点。阿根廷的大豆含油量和含蛋白质量远远低于黑龙江的水平，美国东南部地区大豆含油含白量虽然高于黑龙江，但主要用于食品方面，价格远高于一般的榨油用大豆。

至于成本，每公顷美国的成本是222.9美元，黑龙江是187美元，山东是186.6美元，吉林是160.1美元。

读者朋友又要问了："既然如此，那么，中国压榨企业究竟为什么弃国豆买美豆呢？"答案也很简单，因为美豆便宜。为什么？因为美豆有美国政府的财政补贴，美国豆农可以以低于成本价的价格向中国倾销而不赔钱。如果中国国产大豆比拼价格，美豆可以继续降价，直到国产大豆破产。这一条笔者在第一章中讲过了，不知读者朋友是否还记得？

中美两国稻谷、小麦、玉米、大豆成本和价格数据比较 （美元/吨）

			1990	1991	1992	1993	1994	1995	1996	1997	1998	1999	2000	2001	2002	2003
稻谷	成本	中国	89.4	94.9	101.4	90.0	99.9	128.2	149.1	140.9	140.1	133.9	134.5	130.3	125.7	129.8
		美国	199.6	205.4	187.8	204.3	202.4	232.1	226.3	239.2	246.5	233.6	168.7	168.7	163.3	171.1
	价格	中国	121.9	123.3	126.5	147.8	159.0	181.2	199.3	182.1	181.1	153.0	146.1	151.9	138.5	165.0
		美国	119.3	148.0	124.4	114.4	129.5	172.6	191.9	198.8	184.1	125.2	107.5	93.3	78.2	124.0
小麦	成本	中国	112.6	107.1	107.1	111.1	97.5	107.8	158.8	154.8	171.7	159.6	152.4	145.1	143.2	142.1
		美国	147.8	153.3	148.0	154.9	158.6	185.7	192.5	176.5	140.5	142.8	151.9	167.3	182.8	199.2
	价格	中国	136.0	112.8	119.8	126.7	131.1	137.7	194.9	169.3	160.8	146.3	122.1	127.0	123.9	136.5
		美国	102.2	94.5	122.0	109.0	116.2	150.0	177.9	128.3	98.5	91.2	90.4	101.5	120.6	112.9
玉米	成本	中国	75.1	60.2	70.8	71.2	62.7	86.2	107.1	119.7	110.0	108.9	111.2	101.6	96.8	100.5
		美国	102.6	112.0	94.9	116.8	95.8	121.4	108.5	111.9	105.2	106.2	107.7	97.9	99.8	105.9
	价格	中国	107.7	79.0	88.9	104.2	111.4	125.7	137.2	134.2	130.6	105.2	104.0	117.3	110.3	127.6
		美国	86.2	90.9	80.7	90.1	81.5	109.4	111.0	99.2	75.2	66.5	68.7	72.4	91.3	83.9
大豆	成本	中国	167.6	154.1	172.4	170.1	139.2	173.7	235.9	275.7	226.1	214.0	200.7	211.6	178.7	207.7
		美国	219.6	227.5	210.6	243.8	205.6	244.0	243.7	232.0	233.6	249.6	244.9	244.8	258.2	265.4
	价格	中国	230.1	223.7	275.9	298.6	236.7	275.4	356.2	364.0	273.3	240.6	249.1	234.6	267.1	365.1
		美国	230.1	215.9	206.5	240.7	209.2	246.2	271.7	257.2	204.1	175.0	175.0	163.2	206.5	260.5

资料来源：中国的成本和价格是从由国家计委等七部委合编的《全国农产品成本资料汇编》（1991—2004年）中有关数据的计算得到；美国的成本价格由美国农业部网站数据计算得到。

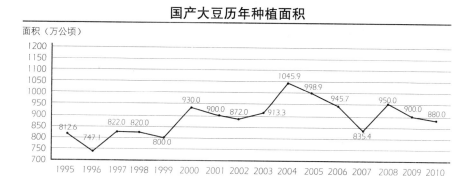

资料来源：国家统计局

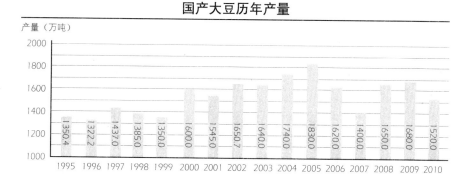

资料来源：国家统计局

从封杀到示诚

2004年的大豆风波令中国媒体一片哗然，但是由于对发达国家特别是美国农业历史缺乏深入了解，媒体目光集中于道德层面，即美国农业部数据是否经过人为调整，由此影响大豆价格？国际基金是否有操纵期货价格牟取暴利的行径？而对美国补贴倾销的大趋势关注不够。

中国政府面对美国农产品的咄咄攻势则经历了前后两个阶段的转变。

2003年8月25日，也就是美国农业部发布月度供需报告调减大豆产量之后的第13天，美国农业部长玛格丽特·安维尼曼在华盛顿告诉新闻记者说，她和中国的农业部长杜青林进行了会谈，美国有可能向世界贸易组织（WTO）提出中国阻止美国大豆进口的问题。她说，中方以缺乏科学根据的植物检疫为由"无端中断"美国大豆的进口。

这是指中国在2001年大豆进口达到1394万吨的历史高点之后，于当年6月份颁布实施了《农业转基因生物安全管理条例》，要求进口农产品原材料要向农业部申请"安全证书"。2002年3月11日，农业部发布由杜青林签署的第190号公告，公布了中国针对转基因农产品采取的临时措施：向中国出口转基因生物的境外公司可在申请安全证书的基础上，持本国或第三国有关机构出具的安全评价有效文件，向农业部农业转基因生物安全管理办公室申请"临时证明"，对审查合格者，农业部将在30天内发给"临时证明"。3月20日，《农业转基因生物标识管理办法》实施。客观地说，这一套连环拳是相当厉害的技术壁垒。因为申领安全证书需要货物达到中国口岸之后进行，那么一旦获得不了批准，巨大的损失将由美国供应商承担。难怪当时新华网发布的新闻标题是：农业部转基因管理条例封杀美国大豆？

除了设置"安全证书"关卡，2002年的3月15日起，经中国证监会批准，大连商品交易所的转基因大豆被停牌，直至2004年12月份重新上市。

从实际情况来看，这两项措施收到了立竿见影的效果，2002年中国进口大豆量由2001年的1394万吨降至1132万吨。

但是在2003年3月12日，即"两会"召开、中国新一届政府出炉之前的几天，美国突然对中国铸铁管配件征收反倾销税，中美贸易战风生水起，三个月后，对糖精征收反倾销税，再三个月后，又对碳酸钡征收反倾销税。

10月份,胡锦涛主席在曼谷就人民币汇率发表讲话后的第四天,美国商务部长埃文斯带着缩小贸易赤字的任务访华。随后两项具有政治示诚意义的采购大单被抛向美国,其一是价值67亿美元的飞机、汽车合同,其二就是包括14亿美元大豆在内的农产品及电信合同。据美国大豆协会统计,2002年,在1132万吨的进口大豆中,来自美国的为450万吨,占39.75%;而在2003年的2074万吨进口量中,美国大豆超过900万吨,占比接近50%。

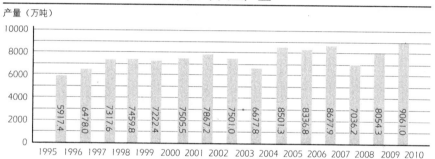

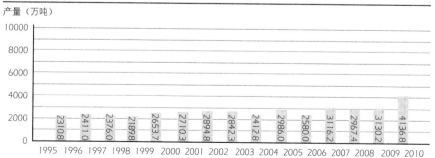

资料来源:以上两图来自美国农业部

(美国的统计数据是跨年度的,即每年8月至第二年8月为一个统计年度,因此柱形在两年份之间)

看起来很美的解决方案

中国多进口还是少进口一些大豆似乎并不重要,特别是这项举措是为了实现更为广泛的国际政治目的,但是,由此带来的国内豆农的连锁反应又似乎出乎决策者的意料之外了。

2005年国际媒体的报道引起了中共中央高层的重视,国家发改委随即进行了长达1年的多方调查。2006年5月,根据调查结果,国家发改委以急件形式向国务院领导呈交了"八点紧急请示",国务院随即批复。发改委的请示中提出了解决大豆问题的具体解决办法。

这些办法主要包括:由土畜进出口商会出面、中粮集团牵头,建立联合采购机制;其次,让大豆企业"走出去",建立海外大豆种植基地和供货渠道,同时发挥行业协会的作用,由商务部的中国食品土畜进出口商会加强指导和协调;再者,由农业部负责市场价格信息,商务部负责进出口报告和信息,海关负责每月大豆进出口信息。

这些办法看上去"很美",实际上却经不起推敲。首先,"让大豆企业走出去"的提法大而无当,如果有实力走出去还能在自己国家里吃这么大亏吗?即使作为未来的一种方向提出来,那也是缓不济急,根本用不着"紧急请示";其次,建立联合采购机制听起来很有力量,其实不知所云,难道2003年12月18日的14亿美元合同不是包括中粮在内的12家企业联合采购的吗?还要怎样的机制?最后,三个部委分别负责三个方面的市场信息,大意是要有中国自己的数据发布,但也只是把三部原本的职能再重复一遍而已。

后来很多业内人士又提出,应该像美国大豆协会一样,中国也应该有个大豆协会。靠一个协会拯救一个产业是不可能的,但必须要先有一个协会,这是产业拯救的第一步。中国大豆协会历经千辛万苦由三个副总理签字，才得以避开部委之争得以成立，但是中粮集团拒绝参加又大大削弱了这个协会的生命力。

仔细分析以上这些办法，都没有抓住问题的要害，其思路都是计划而非市场的思路。2003年大豆风波的本质还是供求关系决定的，这是必须面对的事实。只有真心承认了这一点，才可以揭开真正的秘密，那就是数据信息和期货运作在特定时间内最大程度地影响了供求关系。所以解决问题还是要从三个关键点入手：一是建立中国的农产品数据与预测中心；二是打好转基因这张王牌；三是允许企业赴美国参与期货交易。

中国数据中心谁来建

2000—2003年，中国的压榨企业由于油脂价格不断高企，受利润的诱惑，拼命追求压榨规模，仅2000年，国内开工的油脂加工企业就有1000多家。到了2003年，开始出现日加工大豆3000~7000吨规模的压榨企业，国内总的有效压榨能力达到了6000万吨/年，产能开始严重过剩。但是，当时的企业却没有权威的市场数据作为指向标，而是在黑暗中盲目采购大豆，这一情况加剧了价格下跌之后的惨烈竞争。美国农业部的报告更多的是从中国的采购意向来预测"中国需求"的，这个需求并非终端需求而只能说是"中段需求"，带有极大的盲目性，只不过美国人不需要考虑中国企业生死，只要中国企业给"美刀"就行。

中国食品土畜进出口商会曹绪岷会长在2005年的媒体见面会上透露，国务院已经授权土畜商会像美国农业部一样承担发布国内大豆产供销等相关信息的职能。这个消息看似重视，实则并不可行。

仔细研究一下美国农业部的数据来源，就可以了解：数据虽然看起

中国农业**真相**

来简单,但要获取它必须拥有庞大的渠道和强大的梳理、分析团队。

美国农业统计信息的收集和发布由农业部所属的五个单位分工协作完成:联邦政府农业部统计局(NASS),负责对主要的农作物进行种植面积和产量的调查与预测;农业部市场服务局(AMS),它主要掌握国内现货市场供求和价格情况;农业部海外服务局(FAS),它通过农业专员网搜集并提供国外各类农产品的生产、市场贸易需求和价格变化等信息;农业部经济研究局(ERS),主要负责数据分析;世界农业展望委员会(WAOB),统一分析与评估所有的资料。由这五个部分汇总出来的统计信息涉及120多个国家、60多个品种,囊括了主要农产品的全球数量、国内产量、供求情况、价格变化等情况。

以统计局的信息获取为例,该局有1100名员工,在50个州设立了46个办公室,分散在各州工作的员工有200名,另外还在各地聘请了3500名调查员。他们主要通过电话、面谈等方式,直接与农场主进行联系并获得数据。并运用卫星照片、遥感和抽样调查等手段对主要的农作物进行种植面积和产量的调查与预测。美国的农民只有200万人,但是不仅养活了3亿美国人,而且使美国成为世界最大的粮食出口国。因为农业部是仅次于国土安全部的第一大部,拥有11万员工。农业部的数据为什么能号令全世界?因为这些数据也是花费大量人力、财力交换出来的。

相比之下,中国食品土畜进出口商会只是商务部下属的一个社团组织,并无行政能力,而且仅为其会员提供服务,其信息来源也仅是会员上报的材料,其他如产量、种植面积、播种意向、库存、天气以及其他国家和地区的同类数据等等,该商会也无从得来。

所以我们必须明白的第一个问题,就是由谁来建设"中国数据",回答是肯定的,这是政府的职责,中国数据属于公共服务范畴,不容推给商会或企业。因为他们的利益中心只是某一个群体或企业,不能代表国家利益。我个人的意见是农业部,当然这样会牵涉到部委之间的职能调整，那就是国务院的事了。当然，要数据就要投入，可能还很大，需要政府忍痛拿出钱长期投入，美国农业部从1962年建部之始就开始打造美国数据，中国数据可能要花更长的时间，但这是必需的。

国际期货还有多远

2004年12月22日，被封杀近3年之久的"2号黄豆"（转基因大豆）期货合约重新登场，折射出来的是行政抵制终将让位于市场选择，而只有在市场中企业才能学会竞争的真功夫。

2002年5月28日，大连商品交易所定点交割库大连友谊国家粮食储备库完成了76.5万吨的天量交割。大连友谊国家粮食储备库副经理刘晓兵在接受记者采访时说，与其说5月28号大连商品交易所的交割天量是期货市场转基因大豆停牌的外在反应，不如说是拉开了中国与国际市场短兵相接、正面交锋的序幕。

转基因大豆摘牌真的能减少进口量吗？的确，它可以关闭压榨企业通过期货市场购买大豆的通道，但是真正决定进口量的并不是行政手段，而是需求，在国产大豆不能迅速提高产量的前提下，快速提升的油脂需求量才是决定性因素。所以，尽管2002年在两项政策的压制之下，大豆进口量从2001年的1394万吨下降至1132万吨，一下子减少了262万吨，但是2003年在两项政策没有变动的前提下进口量报复性增长，达到2074万吨，同比增长83.2%，即使对比之前的历史最高点1394万吨，也增长了48.8%。这就是市场的力量。令人意想不到的是，本意用来限制进口大豆的期货摘牌手段，最终不仅没有限制美豆的进入，相反却使国内进口企业丧失了套期保值的最佳工具。

中国农业**真相**

读者朋友也许要问了:"12家国内企业既然是按芝加哥期货交易所的大豆期货价格定的价,难道不可以套期保值吗?"要说明的是,中国进口商可以根据自己指定的期货价格进行现货交易,并不等同于做了期货交易。即使今天,中国对境外期货交易限制之严格也是出乎想象的。

在1994年之前,从事境外期货交易的主要有四种情况:最早的一批开始于20世纪70年代,参与主体是国家级大型进出口企业和少数银行,目的是回避国际商品价格和汇率变动的风险,主要做套期保值业务,渠道是国外的期货代理商,后来逐渐演变为帮助本系统下属企业做期货代理;其次是1992年至1994年,各地政府批准成立了300多家期货经纪公司,2/3都从事境外期货交易;第三类是期货咨询公司和地下经纪公司进行的非法交易;最后一种是一些国外经纪商在国内进行的诈骗活动。

虽然良莠不齐,但是混乱中活力十足,由于监管能力不足,导致了大量外汇和国有资产的流失。于是1994年国务院办公厅转发国务院证券委员会《关于坚决制止期货市场盲目发展若干意见请示的通知》,明确规定:停止所有期货经纪机构的境外期货业务。随后中国证监会、外汇管理局、工商局、公安部四部门联合发布严厉查处非法期货的通知,全国上下人人喊打,境外期货几乎销声匿迹。按规定,境内注册的国有企业(包括国有资产占控股地位或主导地位的企业)可以经过批准开展境外套期保值业务,但是获得此资格难度较大,需要经过证监会和国务院两个层面的审批。到2011年也只有31家国企获批,获批企业也只允许交易自己现货经营的品种,不准进行期权期货交易,此外必须向有关部门汇报交易品种、数量等详细内容。

从那以后,监管难度大为降低,相应地企业利用境外期货防范风险的能力也大为降低。2003年,李广富的华农豆业因为缺乏资格无法在芝加哥期货交易所进行套保,国内大连交易所也取消了进口大豆的品种,在以期货价格交易的大豆市场中,华农等国内企业基本处于"裸战"状态。

2011年9月15日，中国期货公司在北京高调设宴，庆祝18年后重返国际舞台。相信不远的将来，中国企业可以在同等条件下参与国际角逐。

真功夫还要靠自己

在本章的最后，笔者又想起了李广富，不仅因为他是大豆风波主角，还在于他身上的不足和缺陷在民营企业中是有一定代表性的。

请看下面一段对话：

记者：说到期货，我想知道你对企业进入期货是怎么看的？

李：期货这个东西我们不很熟悉，但是我们在国外买黄豆，都是在美国芝加哥期货市场上买的。……

记者：你们做期货吗？

李：我们也做，在期货上买货，今年我们就在大连期货上买了几十万吨，我说八十万吨，其中就有期货的。因为原料原产地没有货了，期货上有我就买呀。……我们做期货不是去投机，不是炒作，我们到期货市场上就是买货。我们在农民手里买，和在大连期货交易所买是一样的。

记者：那就是说做期货您是赚钱的？

李：在期货上谈不上赚钱，在期货买过不少货，对我们企业的原料供应起到保护作用。

这是2002年10月22日李广富接受某电视台记者采访时的一段对话，从这段对话中可以看出，李广富并不了解期货，他做期货只是为了买货——通过大连商品交易所买货，或者通过芝加哥期货交易所买货，和从农民手里买货没什么两样。也许有人会说，不能这么苛责李广富吧，即使他了解期货又能怎么样？境外不能做，境内又没得做。

这话只说对了一半。转基因大豆品种虽然不能做了，但是华东某油厂却通过豆粕期货对大豆成功套期保值。以下是大连商品交易所与浙江省油脂协会、浙江永安期货经纪公司提供的案例：

该油厂以840美分/蒲式耳的价格购买了2万吨大豆，船期为2004年3月初，最后点价（指定以某一天期货价格为购买价格）日期为3月10日。为了锁定CBOT（芝加哥期货交易所）大豆继续上涨的风险，并且降低大豆进口成本，该油厂在2月5日决定先不在CBOT点价，而是在以2710元/吨附近的均价买进大连豆粕0405合约2000手，对应已经敲定基差的2万吨大豆，当时CBOT大豆3月合约价格为832美分/蒲式耳。

2月10日以后，随着禽流感很快得到控制和CBOT大豆的继续上涨，大连豆粕价格也出现了快速上涨，并且上涨幅度要明显大于CBOT大豆的上涨幅度，出现了油厂预期中的价值回归。到3月5日，油厂把大连豆粕0405合约2000手以3320元/吨的均价平仓，同时当晚在CBOT大豆3月合约以935美分/蒲式耳点价。通过这一操作，油厂在大连豆粕市场每吨获利610元，而大豆进口成本抬高103美分/蒲式耳，相当于313元/吨，该油厂获得了额外的套利利润297元/吨，这相当于降低了大豆进口成本。

由此可见，李广富所吃的亏，既有政策原因，也有缺乏风险意识、期货经验的原因。

第三章
The third chapter

棉花配额之战

棉农：棉价太低，不赚钱
纺织企业：棉价太高，不赚钱
中国的五个竞争对手
都是补贴惹的祸
四个利益主体的微妙关系
"缺口论"打开国门
数据谜团
悲情2003
中储棉事件
低棉价才有出路

有人说，棉花是第二个"大豆"。

也有人说，不，棉花不应该成为"大豆"。大豆在中国加入世贸组织之后，没有任何保护，大门敞开，任美豆长驱直入，堪称"裸战"，而棉花至少还有一副盾牌——根据入世协定书，中国可以采取"进口配额"对棉花进行保护。

对此持不同看法的人则反驳道：有"配额"不假，但是大豆的下游产业——压榨业产品的主要市场在国内，中国方便调控，而棉花的下游产业——纺织品的输出地主要是美国和欧盟、日本，美国对于中国纺织品同样采取"配额"管理或技术性贸易壁垒，情况要比大豆复杂。

然而不管棉花与大豆的异同大小，其结果是，棉花的现状的确难以乐观。

棉农：棉价太低，不赚钱

2012年5月上旬，春风吹拂着豫北大地。在笔者的家乡——河南省新乡市——下辖的新乡县七里营镇，从20世纪50年代到90年代一直保有1万多亩棉田，而今天，棉花种植面积只有不到1000亩。

作为中国有名的棉花种植模范镇，1958年8月6日，这里曾经吸引毛

中国农业真相

泽东主席前来视察。现如今，毛主席身穿白衬衫、头戴宽边草帽、俯身查看棉桃的形象被做成了雕像，立在他当初站立的地方，但雕像周围却种满了玉米，零星散种的棉花成了陪衬。当地的育种专家李修立说，目前的这1000来亩，有600亩是他的育种试验田。

新乡七里营镇的棉花变迁并不是中国棉业历史的孤证。河南的另一个产棉大县扶沟更为明显。扶沟耕地面积约110万亩，棉花种植面积最高时达70万亩，曾是全国第一种棉大县。2007年种植面积下降至56万亩，2009年只有19.9万亩，2010年为19.35万亩。

2012年的3月份，国家棉花市场监测系统山东巨野县监测站就2012年意向植棉面积情况对当地50户监测点进行了调查。结果显示，大部分棉农对种植棉花失去信心，种植意向同比减少逾两成。这个县曾是2003年的全国种棉状元县。

占江苏省皮棉产量18%左右的射阳县的消息更为糟糕：该县常年植棉超70万亩，但据县棉花协会会同县作物栽培技术指导站最近一次的调查显示，全县植棉面积低于40万亩，为历史最低点。

最令人吃惊的消息莫过于中国第一大产棉区——新疆了，2012年3月份，新疆生产建设兵团原党委副书记、司令员，中国新建集团公司原总经理华士飞公开表示，新疆今年棉花种植面积将达到2000万亩，较上年减少9%。这9%可不是小数目——198万亩！

全国的种植面积当然也在下降。国家统计局的消息称：2012年全国棉花种植面积预计下降4%。中国农业科学院棉花研究所给出的下降率更高：6.1%。而中国棉花协会的调查结果就有些令人咋舌了：农民种植意向平均减少10.5%！

2008年至今，全国种植面积及产量一路下滑，2011年的指标尽管有所反弹，但如果确如以上相关机构预测，今年的植棉面积和产量都将迎来一个新低。

中国1949—2011年棉花种植面积、总产量、单产

年份	种植面积（万亩）	总产量（万吨）	亩产（千克）
1949	4155	44	10.59
1950	5685	69	12.14
1951	8220	103	12.53
1952	8370	130	15.53
1953	7770	117	15.06
1954	8190	106	12.94
1955	8655	152	17.56
1956	9390	145	15.44
1957	8670	164	18.92
1958	8340	197	23.62
1959	8265	171	20.69
1960	7830	106	13.54
1961	5805	80	13.78
1962	5250	75	14.29
1963	6615	120	18.14
1964	7410	166	22.4
1965	7500	210	28
1966	7395	234	31.64
1967	7650	235	30.72
1968	7485	235	31.4
1969	7245	208	28.71
1970	7500	228	30.4
1971	7380	210	28.46
1972	7350	196	26.67
1973	7410	256	34.55
1974	7515	246	32.73
1975	7440	238	31.99
1976	7395	206	27.86
1977	7260	205	28.24
1978	7305	217	29.71
1979	6765	221	32.67

(续表)

年份	种植面积（万亩）	总产量（万吨）	亩产（千克）
1980	7380	271	36.72
1981	7758	297	38.28
1982	8745	360	41.17
1983	9120	464	50.88
1984	10380	626	60.31
1985	7710	415	53.83
1986	6465	354	54.76
1987	7260	425	58.54
1988	8295	415	50.06
1989	7800	379	48.59
1990	8385	451	53.79
1991	9810	568	57.9
1992	10260	451	43.96
1993	7485	374	49.97
1994	8295	434	52.32
1995	8130	477	58.67
1996	7080	420	59.32
1997	6735	460	68.3
1998	6690	450	67.26
1999	5595	383	68.45
2000	6045	435	71.96
2001	7215	532	73.74
2002	6270	492	78.47
2003	7665	487	63.54
2004	8535	632	74.05
2005	7590	570	75.1
2006	8100	673	83.1
2007	8385	760	90.64
2008	8640	750	86.81
2009	7425	640	86.2
2010	7275	597	82.1
2011	7560	660	87.3

来源：国家统计局

棉农减少棉花种植的原因其实很简单,就是种棉花不挣钱了。

以江苏省射阳县为例来算笔账:2011年籽棉每千克7.3元,亩均收入1409.3元(包括棉花良种补贴15元),而亩均成本却高达1413.2元,二者相减,利润为-3.9元/亩。就是说,一年忙到头,一分钱不挣,一亩地还要亏进去三块九毛钱。

那么如果改种水稻呢?2011年射阳县种植粳稻亩均收入1955.1元,比种棉高出545.8元。如果扣除用工投入成本,种植粳稻的农民每亩地可净落1043元。

这样一比较,谁还种棉花啊,肯定都改水稻了。

这样算其实还不够精确,怎么回事呢?因为没把用工成本算进去。赵银生是安徽省庐江县同大镇朱陈村的种棉能手,远近闻名。他说:"种棉花比种水稻、玉米、小麦都费工,需要按时施肥、浇水、打药、间苗、整枝、打杈,收棉花也只能靠人去摘,没法机械化。一亩棉花需要25个工,现在的行情是每个工每天50元还得管饭,这样算下来,种棉花一分钱都赚不到。相比之下,玉米、水稻、小麦等粮食作物已经实现了机械化,只要几个工就可以了。"李修立印证了赵银生的说法:新乡县连雇工也很难找了,外地来的农民工除了要求每天50元工资并管饭外,还要求每天加一瓶啤酒!住的地方也必须有空调。

庐江县原本是水稻主产区,20世纪90年代中期,为了脱贫致富,县里鼓励农民种棉花,因为水稻每亩地才挣几百元钱,种棉花能赚1300元。现在,水稻价格上去了,利润提高到每亩1000元块左右,双季稻加倍,棉花的利润只有1500元钱左右。

赵银生说,2008年时他还种了14亩棉花,2009年减到了7亩,2010年再减到了5亩。

纺织企业：棉价太高，不赚钱

农民说：棉价太低，不赚钱！棉纺厂却说：棉价太高，不赚钱！
同样是不赚钱，原因正好相反，这是怎么回事？

其实，棉纺厂所说的"棉价高"与农民所说的"棉价低"并不矛盾。农民认为棉价低是就种棉成本而言，比如，我一亩棉花投入1000元，收入900元，棉价比投入低。棉纺厂认为棉价高是针对竞争对手采用的低价进口棉而言的，比如，我购买国产棉花是每吨15 000元，人家购买进口棉，13 000元/吨，我的棉价当然高了。

纺织行业是一个外向型的行业，以国家统计局资料为例，2012年1—2月，规模以上纺织企业主营业务收入7262亿元，同期纺织品出口312亿美元，出口额占主营收入的27.2%。因此纺织企业的竞争对手主要在国际上。而国内棉价相对于国际棉价来说是比较高的。

下面，我们来看下代表国内价格的中国棉花价格A指数（由国家棉花市场监测系统对200家以上国内棉花及棉纺织企业实际成交价格和棉花企业的收购成本进行跟踪汇总得出，A代表229级皮棉）和代表国际棉价的COTLOOK A指数的对比：

2004年5月：

国棉A：17 845元/吨；COTLOOK A：77美分/磅（14 038元/吨）。价差：3807元/吨

2004年12月：

国棉A：11 181元/吨；COTLOOK A：48.3美分/磅（8805元/吨）。价差：2376元/吨。

2005年最高价：

国棉A：14 680元/吨；COTLOOK A：55.26美分/磅（10 074元/吨）。价差：4606元/吨。

2007年12月底：

国棉A：14 171元/吨；COTLOOK A：70.46美分/磅（11 481元/吨）。价差：2690元/吨。

2008年平均价格：

国棉A：13 664元/吨；COTLOOK A：71.39美分/磅（10 724元/吨）。价差：2940元/吨。

2009年平均价格：

国棉A：13 193元/吨；COTLOOK A：62.75美分/磅（9426元/吨）。价差：3767元/吨。

2010年平均价格：

国棉A：19 869元/吨；COTLOOK A：103.53美分/磅（15 552元/吨）。价差：4317元/吨。

2011年最高价：

国棉A：32 163元/吨；COTLOOK A：243.65美分/磅（34 669元/吨）。价差：-2506元/吨。

2011年最低价：

国棉A：20 306元/吨；COTLOOK A：92.1美分/磅（13 085元/吨）。价差：7221元/吨。

可以看出，除了2011年的最高棉价是国际棉超过国产棉之外，其余时段国产棉价均远远高于国际棉。

对比之后，我们应当相信，国内纺织企业"国产棉花价格高于国际棉价削弱纺织企业国际竞争力"的呼声也并非耸人听闻。以新疆赛里木现代农业股份有限公司为例，该公司原本是一家以棉花加工为主营业务的上市公司，由于棉价连年高涨，2005年开始新增食用油压榨业务，2008年开始新增纺织业务，实行"一主两翼"战略。但是2008—2011年棉纱业务的营业利润率依次为-14.35%、0.94%、21.25%、-17.28%（数据来源为新赛股份年报）。除了2010年因为经济复苏拉动需求，高成本得以转嫁之外，其余年份基本处于赔本或微利状态。再以世界上纺织能力最大的棉纺织企业、中国最大的棉纺织生产商魏桥纺织股份有限公司为例，该公司属于在香港上市的上市公司，2003—2011年的毛利率依次为18.5%、16.8%、16.5%、16.8%、14.3%、8.7%、8.7%、16.1%、1.8%（资料来源为魏桥纺织年报），除2010年外，利润率呈现一路下滑趋势。2010年例外的原因与新赛股份相同：经济复苏拉动需求，成本得以转移。

中国的五个竞争对手

美国Globecot公司的罗伯特·安特夏克，在一份研究报告中将中国纺织业的发展称为"一个伟大的成功故事"，不过在他看来，纺织厂正面临着客户需求萎缩和原料成本增长的双向挤压。他为中国的纺织企业列出了五个竞争对手：越南、柬埔寨、孟加拉国、印度、巴基斯坦。不过，这五个竞争对手与中国的情况并不相同，越南、柬埔寨、孟加拉国虽然纺织品出口越来越猛，但是它们本身不是产棉大国。据中国产业竞争情报网提供的一份统计表，2011/12年度，孟加拉国的棉花产量只有1.5万吨，而国内消费量高达86万吨，进口量为87.1万吨。越南的棉花产量更少，只有4000吨，消费量为38.1万吨，进口量达39.2万吨。柬埔寨一直以水稻种植为主,而且由于战乱停止种植棉花达30多年,直到2002年才恢复种植,当年参与种植的农户只有3300户,种植面积1125亩。这三个国家高度依赖进口棉花,虽然受国际棉价波动影响较大,但是没有"内患",也就是不需要顾忌和平衡国内棉农的利益。

相比之下,印度和巴基斯坦的情况与中国较为接近。2011/12年度,印度的棉花产量达587.9万吨,在满足国内消费量457.2万吨之后,还能出口一部分。巴基斯坦的产量为224.3万吨,消费量为228.6万吨,基本处于自给自足状态。

根据相关统计数据,棉花国际价位比中国价格低28.7%,印巴两国国内棉花价格价格又比国际价位低21.9%,也就是说,如果只能买国产棉花,中国纺织企业的原料成本比印巴两国的同行高出50%。看到这里,读者朋友或许会理解纺织企业呼吁取消配额管理的根源了吧?

全球棉花供需统计表

单位:万吨	期初库存	总供给			总消费			期末库存
		产量	进口量		国内消费量	出口量	损耗	
(2011/12年度)全球	996.7	2681.5	834		2542	833.7	-4.4	1110.4
中国内地	253	718.5	332		1012.4	1.1	0	290
印度	127.4	587.9	10.9		457.2	108.9	0	160
美国	59.9	348.4	0.2		82.7	261.3	-1.1	65.3
巴基斯坦	57.9	224.3	25		228.6	8.7	0.7	69.2
巴西	177.4	202.5	2.2		100.2	95.8	-3.3	189.4
中亚五国	43.1	156.3	0.2		41.6	109.3	0	48.8
澳大利亚	53.6	98	0		0.9	95.8	-3.3	58.1

（续表）

单位：万吨	期初库存	总供给		总消费			期末库存
		产量	进口量	国内消费量	出口量	损耗	
非洲法朗区	12.4	64.9	0	3.9	55.7	0	17.4
土耳其	34	63.1	74	130.6	3.3	-1.7	39
欧盟	9.6	35.9	20	21.8	29.2	1.1	13.7
墨西哥	11.3	24	26.1	41.4	5.4	0.7	13.9
孟加拉	16.1	1.5	87.1	86	0	0.2	18.5
印尼	8.5	0.7	43.5	41.4	0.4	1.1	9.8
泰国	6.3	0	37	35.9	0	0.7	7
越南	7.4	0.4	39.2	38.1	0	0	9.1

资料来源：中国产业竞争情报网

都是补贴惹的祸

其实，说国内棉价高是不妥的，与成本基本持平甚至低于成本的价格怎么能说高呢？客观地说，不是国产棉价高了，而是国际棉价低了，而且低得不正常。原因正如本书第一章所述：都是补贴惹的祸。

2002年11月，巴西正式向美国提出希望其削减棉花补贴，巴西的苦衷是，它和中国一样是产棉大国，但却没有中国那么大规模的纺织行业，国内棉花消费量只有100.2万吨，而生产量却高达202.5万吨，有将近100万吨的棉花需要出口。但是由于发达国家特别是美国实施棉花补贴，使国际棉价不断下跌，巴西国内棉花生产和小农户生存极其艰难。

一向以帮助他国人民实现健康和幸福、消除饥饿的美国，在这时却没有理会巴西那些小农的生存危机。他们断然拒绝巴西的提议。走投无路的巴西在2003年9月一纸诉状把美国告到了世贸组织。2004年4月初，世贸组织专家组对于巴西提供的证据进行了复核，并于两个月后做出裁决：美国政府凭借补贴保持了棉花产量和出口增长，人为降低了国际市场棉花价格。专家组认定的事实包括：1999年8月至2003年7月间，美国为棉农提供了约125亿美元的巨额补贴。补贴使美国棉花种植面积不断增加。从1999年的530万公顷增加到2000年的591万公顷，接着又增加到2001年的619万公顷，2002年为627万公顷。另一个指标也许更能反映补贴的作用：1998/99年度到2002/03年度，美国棉花国际市场占有率由17%提高到42%，三年内增加了25个百分点。

不考虑市场份额丧失的问题，仅国际棉的低价就使巴西棉农损失了4.78亿美元。许多棉农放弃棉花改种其他作物，靠采摘棉花为生的人们纷纷涌进城市打工，失业率上升，社会问题增加。国际棉花咨询委员会（ICAC）、世界银行（WBG）、国际货币基金会（IMF）这些美国控制的机构的研究也证实了这一点：世界棉花低价格导致了大约9万棉农生活水平下降到贫困线以下。

美国败诉是没有什么悬念的。但是美国人是有自己风格的，他不在乎WTO的裁决结果，继续我行我素。美国商务部公布的统计数据显示：2004年，不包括联邦保险的美国棉花补贴额度为37亿美元；2005年，这一数据为31亿美元。

另根据美棉出口周报的数据，2004/05年度美国出口陆地棉为290.9万吨，按照美国陆地棉出口补贴平均水平——3.31美分/磅来计算，共补贴出口总额2.12亿美元，其中对中国累计出口74.1万吨，对中国棉花出口补贴总额为5400万美元，平均每吨补贴603元。

2006年8月1日，法新社报道说，时任美国总统布什当年2月份签署的涉及废除棉花补贴的新贸易法案生效，"标志着美国棉花补贴被正式废除"。这个看法后来被证明是表面化的。实际上，美国的农业法案每5年修订一次，被巴西指责的2002年的农业法案在2007年即将到期，而在2007年12月14日，美国参议院宣布通过新的2860亿美元的农业议案，议案基本没有修改未来五年的棉花补贴计划。

换句话说，巴西虽然胜诉，但裁决结果无法执行。巴西政府顾问丹尼尔·萨姆纳通过一项计量经济模型的研究表明，1999—2002年，如果没有美国政府的补贴，世界棉花价格将要平均提高12.6%，或是每千克提高14.33美分。这个结果对巴西而言自然是个喜讯，但是却要以美国棉花出口减少41%作为代价。美国怎会断己腕救他人呢？

四个利益主体的微妙关系

作为宏观调控的实施部门，国家发改委面临的局面是微妙的，这微妙的关系中涉及四个利益主体：棉农、棉花加工企业、纺织企业、国际棉商。

国内棉价和国际棉价就好像是相邻的两个池子，但是水位有落差，一旦将二者的隔离打开一个缺口，国内棉价的高水位就会马上与国际棉价的水位拉平。掌控缺口阀门的是发改委手中的进口配额。

以美国为代表的国际棉价与国际纺织品消费市场形成了默契：采用贸易壁垒的办法对中国纺织品出口设限，造成一定程度上的"需求萎缩"现象，迫使中国纺织品企业降价销售，从而增大中国成本压力。同时以低棉价"陈兵边境"加以诱惑。这种新型的"胡萝卜＋大棒"的策略对中国纺织品企业既拉又打，极大激发了纺织企业追求自由贸易、呼吁取消配额、扩大进口、降低原料成本的本能冲动。

2006年7月4日，国家发改委为解决棉花配额之争召集利益各方开了一个协调会，会议持续了一整天，但是分歧严重。最后有接近决策层的官员一锤定音："总之配额肯定是要增发的，否则真的出现棉花缺口，纺织工业受到影响，这个责任谁也担不起。"

但是，增发配额之事立即招来棉花加工企业的反对。作为棉花企业的行业指导单位，中国棉花协会在自己的网站上为会员企业说话：国内棉花供应量足以满足需求，增发配额是没有必要的。

在一家大型纺织企业负责外贸的负责人看来，问题的关键并不在于供需是否平衡，而在于价格差："有每吨15000元的棉花我不买，去买每吨16000元的棉花，这可能吗？"

一看供需平衡的说法没有奏效，棉花企业又抛出了棉农利益牌：一旦增发配额，棉农利益将受到伤害。

如果说纺织企业的立场是由其利益出发点决定的，那么棉花企业的观点也是屁股决定脑袋。为什么这么说？因为进口棉花对它们来说有百害而无一利。因为根据中国加入世贸议定书规定，棉花配额的分配是国营贸易占33%，非国营贸易占67%。33%中都是一般贸易配额，这些进口棉花可以自由转卖，不受限制。67%的配额中基本上都是加工贸易，用于加工贸易的进口棉花不得转卖，而且用这些棉花生产出来的纺织品、服装必须全部出口。加工贸易配额对棉花加工企业来说毫无用处，而一般贸易配额都掌握在中国纺织品进出口总公司、北京九达纺织集团公司、天津纺织工业供销公司、上海纺织原料公司、中国储备棉总公司、新疆农垦进出口股份有限公司手中，一般棉花加工企业根本不可能得到。

但是棉花加工企业打出的"棉农利益牌"也十分有效。这一提法正中发改委的神经中枢，作为亲民的政府，农民的利益是绝不容忽视的。"棉农利益将受损"的观点经媒体报道后，惊动了中央高层。很快一份由发改委撰写的当前棉花形势的报告呈交到了国务院。报告中所反映的无非还是发改委面临的进退两难的困境:保护国内棉农利益,还是保护纺织业竞争力。

在这诸多的利益主体当中,只有棉农是"沉默的一群",除了政府,他们没有利益代言人。但他们又是"用脚投票"的一族。笔者参阅了大量的资料和报道,发现无论是打着国际竞争力旗号的纺织企业,还是将棉农利益挂在嘴边的棉花企业,均没有认真去思考和分析一种后果:农民放弃种植—棉花种植面积大减—国产棉花产量大幅减少—供需缺口加大—进口量大增—国内棉价进一步拉低—农民收益成为负数—棉花种植消失—中国纺织业全部依赖进口棉花。

这有可能发生吗?

"缺口论"打开国门

不管怎样,棉花还是源源不断地进来了。

1990—2011年中国进口棉花　　(单位:万吨)

年份	进口量	出口量
1990	44.00	29.00
1991	23.00	28.90
1992	22.00	14.10
1993	0.00	10.91
1994	50.00	10.81

（续表）

年份	进口量	出口量
1995	74.00	2.16
1996	55.00	0.46
1997	71.00	1.00
1998	19.00	4.50
1999	4.62	23.60
2000	4.74	29.19
2001	5.60	5.24
2002	17.14	14.95
2003	87.01	11.20
2004	182.33	0.90
2005	257.24	0.51
2006	364	1.30
2007	246	2.11
2008	211.1	1.64
2009	152.6	0.83
2010	283.9	0.65
2011	336.38	2.52（截止10月）

资料来源：中国海关总署

海富期货研发中心高级分析师董淑志在接受《大生》杂志采访时曾介绍，1984年之前中国是棉花净进口国，从1953年到1983年的30年间净进口530万吨。主要原因是单产量上不去，1978年的单产量只有29.71千克，总产量赶不上需求，每年都需要进口大量的棉花。改革开放后，棉农积极性提高,种植面积达到了8745万亩,比1981年的7758万亩增加了987万亩,比1978年的7305万亩,提高了1440万亩,单产量也有了明显的提高,从1978年的29.71千克提高到了41.17千克。1982年棉花产量达到了360万吨,供给开始逐渐大于需求,库存增加,中国也开始从棉花净进口国转变为棉花出口国。1983年出口量达18.9万吨,1987年这一数字达到75.5万吨。出口的趋势一直保持到1992年,这一年棉花主产区爆发大规模棉铃虫灾害,产量大减,导致随后几年进口量大增。1999—2003年,是目前为止最后一个棉花出口阶段。

入世之后,中国的纺织行业异军突起,逐步与棉花生产形成了矛盾。

2001—2011年中国纺织品服装出口额

年份	出口额(单位:亿美元)	同比增长
1965	4.85	
1975	13.8	
1977	12.4	
1978	24.3	96.0%
1979	23.5	-3.3%
1980	44.0	87.2%
1981	45.4	3.2%
1982	44.5	-2.0%
1983	49.7	11.7%
1984	63.5	27.8%
1985	64.4	1.4%
1986	85.7	33.1%
1987	113.4	32.3%
1988	130.9	15.4%

（续表）

年份	出口额（单位：亿美元）	同比增长
1989	151.4	15.7%
1990	167.9	10.9%
1991	201.5	20.0%
1992	252.8	25.5%
1993	271.3	7.3%
1994	355.5	31.0%
1995	379.7	6.8%
1996	370.9	-2.3%
1997	455.7	22.9%
1998	428.5	-6%
1999	430.6	0.5%
2000	522.1	21.2%
2001	534.4	2.4%
2002	618.6	15.76%
2003	789.6	27.64%
2004	950.9	20.43%
2005	1150.1	20.95%
2006	1439.9	25.2%
2007	1711.7	18.88%
2008	1852.2	8.21%
2009	1670.0	-9.84%
2010	2065.3	23.67%
2011	2478.9	20.03%

资料来源：中国统计年鉴

入世以后，中国棉花产量和纺织品出口的增长速度有了较大差距。于是国内相关机构和人士发明了一个词：缺口。就是把国内棉花消费量减去国内棉花产量的差额，以此来判断中国应该进口多少棉花才能满足自身的需求。由此，美国农业部、国际棉花咨询委员会等机构也发明了一个词：中国需求。"缺口"一词直接影响配额管理也就是进口棉花的数量，而"中国需求"一词直接影响中国进口棉花的价格。

"缺口论"的提出是在2003年。据江苏建群纺织品有限公司总经理付建昌在接受《大生》采访时介绍，那一年国内有关部门在报告中提出中国国内缺口太大，需要大量进口外棉来平衡供需。从那以后，每年都提出缺口在增大，以致收购企业、加工企业、纺织企业都认为棉花要涨价，但是年年都落空。这里面存在三个问题：一、缺口论者引用的数据是被夸大或低估了的不准确的数据；二、缺乏动态观念，国内缺口被进口棉花填平之后，有关部门没有及时修正自己对缺口的判断，仍然盲目地认为缺口还存在；三、缺乏全局观念。

数据谜团

判断棉花价格，付建昌的习惯是首先阅读供求平衡表，发布平衡表的机构很多，比如美国农业部、英国COTLOOK公司、国际棉花咨询委员会、美国棉花协会，他都要找来看。中国2006年之前是没有供求平衡表的，只是国家统计局、农业部、海关和一些行业协会发布的棉花产量、纱布产量、进出口数据，2006年中国棉花监测系统才开始每月定期发布国内产销存平衡表。

付建昌发现，国内外不同机构发布的平衡表中的各项数据较不统一，特别是关于中国的数据差异较大。他说，近几年的市场也证明了数据的真实客观性确实存在一些问题，"这给我们分析判断棉花行情带来了很大的难度，有时甚至让我们这些行业主体分析判断的结果与市场实际结果大相径庭，造成了巨大亏损"。

头疼的并不是付建昌一个人。中国棉花种植面积和产量、消费量是多少？消费缺口多大？每每提起这样的问题，所谓的棉花业内专业人士无不迷惑和头疼，政府决策部门的工作人员更是无所适从。

以美国农业部对2006/07年度中国棉花产销数据的调整为例。2007年7月，中国棉花进口量骤减，美农业部将中国棉花产量预测由672.8万吨调高至707.6万吨，这种依据进口量来调整产量预测的方法是否科学是有疑问的。但即使美国农业部将2007年中国棉花产量预测提高了近35万吨，仍然距离实际产量760万吨少了52.4万吨，这个数字几乎相当于我国一个棉花主产省区的总量。

2007年9月28日中国棉花会议上，发改委指出新疆棉花数据严重失真，5年少统计了220万吨。这一消息报道之后，美国农业部随之将中国棉花产量又提高至772.9万吨。这个数据又比实际产量多了13万吨。

数据谜团对决策影响极大。2006/07年度，由于预计中国棉花消费缺口高达415万吨，发改委发放了总计349.4万吨的配额，而根据海关总署的统计，2007年全年进口棉花246万吨，这意味着103.4万吨配额没有使用。

在付建昌的眼中，中国棉花产量被低估了，而"产量低估就是缺口被夸大"。按现在国内外的政府和机构对今后国内用棉量的预测，这种高估的趋势将会越来越明显，预测出来的缺口量每年在以10%~20%的速度增长。而付建昌个人预测，实际缺口量的增长只有5%。

2002/03年度至2010/11年度中国棉花供求平衡表 （单位：万吨）

年度	2002/03	2003/04	2004/05	2005/06	2006/07	2007/08	2008/09	2009/10	2010/11
期初库存	415.0	310.0	340.0	319.0	399.1	360.8	323.9	344.5	284.1
产量	492.1	487.0	675.0	571.4	775.6	802.4	799.2	692.3	660.0
国内总供给量	907.1	797.0	1015.0	890.4	1174.7	1163.1	1123.1	1036.8	944.1
进口量	72.0	199.0	139.0	420.1	230.6	251.1	152.3	237.4	300.0
总供给量	979.1	996.0	1154.0	1310.5	1405.3	1414.2	1275.4	1274.3	1244.1
国内消费	668.0	656.0	834.0	910.6	1042.6	1089.0	929.0	989.6	1019.3
出口量	15.0	3.0	1.0	0.8	1.9	1.4	1.9	0.6	0.6
总需求量	683.0	659.0	839.0	911.4	1044.5	1090.4	930.9	990.2	1019.9
期末库存	310.0	340.0	319.0	399.1	360.8	323.9	344.5	284.1	224.2
库存消费比	46.4%	51.8%	38.2%	43.8%	34.5%	29.7%	37.0%	28.7%	22.0%

资料来源：国家棉花市场监测系统、国际棉花咨询委员会、海富期货、北京神龙等。数据均为每年9月1日至次年8月底，2010/11年度为2010年8月底到2011年7月31日。

悲情2003

正是在这样的数据谜团的笼罩下，2003年拉开了悲情的一幕。比大豆的涨价晚了一个月，2003年9月，棉价开始飙升，原因很简单：长江流域和黄河流域的主要产棉区阴雨连绵，致使有关部门预测棉花减产，国内市场缺口将达160万吨。资源告急的消息经官方机构发布后，棉花加工企业和纺织企业展开抢购大战。根据中国棉花信息网提供的数据，2003年1—8月棉花最高价格始终停留在13 418元/吨，8月份的最低价格从之前的11 048元/吨涨至12 136元/吨。9月份，最低价格未变，最高价格却涨至14 107元/吨。

陡然拉开的利润空间吸引了包括房地产和核工业的业外资金的介入。新疆兵团棉麻公司总经理盛勇在接受记者采访时说，在阿克苏地区有3000名浙江人在收购棉花，按每人携带100万元资金计算，有30亿元资金的盘子。这么多钱把当地的全部棉花收走都绰绰有余。在盛勇的印象中，这些游资"像炒股票一样凶狠"，为了获得棉花"不惜一切代价"。9月初，一家国有棉麻公司所属的棉花厂以4.08元/千克的价格开秤收棉，这个价格比上年同期的3.81元/千克还高两毛七。谁知一两棉花还没收上来，其他棉商就喊出了4.2元/千克的收购价，棉花厂只好将价格提高至4.3元/千克。如此轮番抬价，不出一周，价格已经到了6.8元/千克。

奇怪的是，这些外地棉商报出高价之后并不急于收棉，而是等待国有棉麻公司提高价格。业内人士判断，很显然他们的目的是控制棉花资源，等待涨价。

这一招十分有效。新疆棉农范新平所在的某农场，棉农和农场之间展开了博弈。农场成立了"护秋队"，四处巡查，严防私藏私卖棉花，要求按上一年确定好的收购价收购，并在交通要道上以检疫的名义设置关卡。但是在利益的诱惑之下，棉农开始囤积棉花，想方设法躲开护秋队，把棉花拉回家藏在早就砌好的鸡窝、羊圈、炭房里。平日里生意冷淡的出租车昼伏夜出，因为到处都有人租车偷运棉花。

棉花收购高峰期一过，外地棉商的收购车来了，以高出正常收购价格50%的价格大量收购。被藏匿的棉花全都冒出来了。范新平的一个朋友藏匿在炭房里的棉花一出手就赚了好几万，让他艳羡不已。而被护秋队逮到的一家棉农，房屋下面竟有藏匿10吨棉花的大仓库。籽棉已经卖到了8元/千克！

10月份的最低价格没动，最高价格却一度达到17 556元/吨，超出9月最高价3349元。到了2004年2月，最高价涨至17 703元/吨，最低价也达到了12 932元/吨。用一位亲历者的话来说，市场已经"疯了"——凡是手里攥有棉花的，没有人怀疑棉价能涨到20 000元/吨。

范新平也坐不住了，天很冷，他的血很热。当地已经没有地了，但是他决定一定要包到地，为此他跑到克拉玛依包了37亩地种棉花。播种的4月份，棉花的最低收购价达到了17 042元/吨，这如何不让范新平充满憧憬呢。

棉花播种之后，17 703元/吨的最高棉价一直保持到2004年7月份。范新平心里十分踏实，但是8月，棉花最高价格悄悄下降至17 678元/吨。8月底，开始收花，范新平连同雇来的帮手一共五人，早上七点下地，除了中间吃饭一直干到夜里十一点。37亩地一共收获2500千克籽棉和1500千克棉桃。

9月10日，又到收购日。最初的价格为5.2元/千克，一个星期后开始五分一毛地往下掉。20天后跌至4元/千克。10月份的时候皮棉最高收购价已跌破17 000元/吨，为16 999元/吨，最低价只有11 396元/吨，低于2003年8月价格。因为包地成本、种肥价格、雇工成本都因为上年棉花价格飞涨而提高，所以，算下来范新平开始赔钱了。

到了年底，皮棉最高价和最低价分别为13 988元/吨和11 263元/吨——"过山车"着陆了。

一块儿到克拉玛依包地的一个同乡包了200亩地，一下子亏了近10万元，一气之下跑到阿勒泰淘金去了。范新平呢？直奔上海——找同学打工去了。临走，他还回了趟家，对妻子和孩子说："你们就当我被判了三年刑吧。"

2004年的棉价暴跌，主要有两方面原因：一方面包括纺织行业在内的九大行业被列为严格控制信贷风险的行业，资金断档为纺织企业和棉花流通企业带来了极大困难，生产需求迅速下降；另一方面，2003年年底，为了平抑棉价，发改委一次性增发了150万吨配额，熨平了供求失衡局面。

中储棉事件

2003—2004年棉花风波的输家不止是范新平这样的棉农，那些火中取栗的投机者也未能全身而退。在这些不太走运的商家当中，大名鼎鼎的中储棉总公司就是其中颇受关注的一家。

对于2003年的棉花风波来说，中国储备棉管理总公司是一个年轻的公司。2003年9月份棉花开始涨价的时候，它刚刚半岁。这个公司的第一任党委书记、总经理雷香菊原任中华合作供销总社棉麻局副局长、华棉管理中心主任，她也是一个"缺口论"持有者。在一次培训班上她发表观点说：2005年中国纺织品服装出口配额全部取消之后，国内棉花消费量将在680万～700万吨，进口棉将成为补充国内消费的重要资源；全球棉花市场总体特点是当年产需缺口较大，库存呈减少趋势，这个缺口主要出现在中国。

雷香菊以美国数据作为依据进一步说明：根据美国农业部3月份预测，2003年度全球棉花产量2021.8万吨，较上年增加100万吨；消费2131.1万吨，减少4.1万吨；当年产需缺口109.3万吨。期末库存将下降到690.8万吨，比上年度下降了13.7%；库存消费比降低到32.42%的历史较低水平，而2003年度全球产需缺口主要出现在中国。按照美国农业部的预测，中国棉花产量487.7万吨，消费685.5万吨，产需缺口197.8万吨。美国人说，这就是中国棉价一直高于国际市场的根本原因。

基于以上观点，雷香菊下令：进口！

中储棉一成立就赶上发改委2003年第一次发放89.4万吨进口配额。中储棉和中纺棉二一添作五平分了属于中央系统的近30万吨一般贸易进口配额。这是雷香菊履新之后的第一把火。10月份，价格已经开始上涨，雷香菊果断地向美国棉商抛出了15万吨配额。

集中大量的进口，导致美国纽约棉花期货价格在10月份从58美分/磅上涨到80多美分/磅，涨幅高达40%。

据报道，发改委曾劝说中储棉配合国家调控政策，尽快以合适的价格组织销售，但未被采纳。发改委的意见固然出于宏观调控的需要，但同时也是会同有关部门分析后得出的结论：2004年棉花播种面积预计比上年增长10%～15%，达8400万～8800万亩。如果气候正常，2004年度棉花产量将突破600万吨。

雷香菊也并非不愿意配合调控，但是她对市场的判断与发改委不同：期末库存消费比达到30%时才体现为供求平衡，2003年度棉花资源尽管可以满足消费需求，但由于库存没有达到一定水平，所以市场心理上就会为"没有棉花"而担心，这种心理占据优势时，价格就会失去理智地上涨。

她期待着大赚一笔。

她动用供销总社棉麻公司的关系并采取内部奖励的办法高价售棉。与此同时，中储棉再次进口十多万吨棉花。许多棉纺企业得知中储棉进口棉花了，就委托中储棉进口并交纳10%～20%不等的定金，江苏一家企业一次性就打了5000万元的定金。

2004年6月，国内棉价已经进入拐点，但是雷香菊仍在宣传她的供不应求理论。在一次题为《中国是影响国际棉花市场的关键因素》的专题演讲中，她说，纺织工业的高速发展，使中国棉花供求缺口加大。按照目前中国纺织业生产能力及发展趋势分析，今后几年，中国棉花供不应求的矛盾还将存在，中国进口棉花数量仍将维持在一个较高水平。

但是，市场的回应彻底击垮了雷香菊的理论。当她进口的大部分棉花到岸时，棉价已经跌破14 000元/吨。相关报道说，雷香菊并没有慌张，而是找到有关部门希望其以成本价收购进口的棉花，同时她仍然在多个场合为棉价打气。

到了2004年8月的时候，雷香菊感到大势已去。

中储棉事件最后以新华社通稿的形式画上句号，根据报道的估计，中储棉亏损6个亿。

低棉价才有出路

发改委对于棉花产业的调控，1999年是一个分水岭。之前可称为价格管理阶段，之后则是配额管理阶段。

从20世纪80年代初期到2000年，我国的棉花市场共出现过三次"卖难"和三次"买难"。

80年代初期，为了扭转棉花供不应求的局面，国家采取了提价和奖售的政策，农民种棉积极性大为提高，从1980年至1984年，种植面积年年扩大，分别为7380万亩、7758万亩、8745万亩、9120万亩、10 380万亩。产量也是一路飙升，分别为271万吨、297万吨、360万吨、464万吨、626万吨。1983年，中国成为第一大产棉国。看着这大干快上的劲儿好不红火，可谁知乐极生悲，1984年，棉花第一次过剩，出现"卖难"。中国不得不依靠国际市场释放产能，1984年至1988年依次出口18.9万吨、34.7万吨、55.8万吨、75.5万吨、46.8万吨。

1985年第一次棉改，政府提出通过合同订购和放开经营解决棉花过剩问题。由于生产资料上涨、调低收购价格和取消奖售，生产迅速滑坡，种植面积从1984年的10 380万亩立马降至1985年的7710万亩，产量也下降了211万吨。基本上成瀑布下降趋势。1987年至1988年，棉花"买难"出现。国家不得不恢复棉花专营，重新提价，来刺激生产，于是棉花生产规律性地出现过剩。1992年出现第二次"卖难"，于是，第二次棉改提出了放开经营、放开市场、放开价格。

哪曾想，1993年因棉花种植面积减少和北方棉区虫灾造成减产，市场出现严重的供不应求，第二次"买难"又到来了。1994年，政府又将市场的大门关闭，恢复到高度垄断的状态，全国统一定价，由供销社统一经营。为了保证产量，收购价格由1990年的300元/50千克提高到1995年的700元/50千克，上涨两倍多。由于国内棉价高于国际棉价，国内棉花库存严重积压，1995年出口只有2万多吨，而进口棉花却多达74万吨。1998年国内棉花库存高达500万吨，相当于国内一年的消费量，但是出口只有4万多吨，而进口居然近20万吨！

1998年、1999年出现第三次"卖难"。入世在即，政府决定彻底地改革体制，主要依靠市场机制进行棉花资源的合理配置，棉花购销价格放开，主要由市场形成。谁知这样一来，多年积累的产销矛盾促使棉花价格大跌，到了2000年又促成了第三次"买难"。

三次"卖难"与三次"买难"交替出现，似乎是市场与政策的一场"跷跷板"游戏，"卖难"时放权、降价，"买难"时收权、提价。政策实施看似十分到位，实则比市场滞后许多。

以1995年4月为例，我国的新棉花价格（17000元/吨）公布时，国际棉价高达18900元/吨，但是我国新价格实施时已经到了10月份，这时的国际棉价已经跌至14000元/吨，此后一直保持在13000元/吨左右，而我国的价格则始终保持在17000元/吨附近，毫无竞争力可言。海关的数据表明，1995年至1998年8月，我国净进口棉花228万吨，占现有棉花库存的65%。可见，1995年后不具备竞争力的国内棉价导致了外棉的涌入，进一步加剧国内的供求矛盾。

入世之后，发改委的调控手段从市场准入和确定价格转向了进口配额的管理。配额管理主要是通过进口改变供求关系最终影响棉花价格。但是由于存在前边所说的发达国家依靠高额补贴拉低棉价的事实存在，发改委再次处于尴尬的"跷跷板"的境地，一边是低于成本的国内棉价，一边是低于国内棉价的国际棉花。不进口，国内纺织企业竞争力减弱；进口，进一步拉低国内棉价，棉农利益受损。

其实，目前的宏观调控存在一个误区，那就是紧盯着价格去调控。过去是通过行政干预的方式直接影响价格，现在是通过配额间接影响价格。其实手心手背都是肉，关键不在于如何平衡矛盾，而是要一举消除矛盾。首先要将维护农民利益与价格托市脱钩。借鉴美国以成本为基础的销售贷款方式，简单地说就是无论市场供求关系如何、无论价格如何变化，都与对农民的补贴无关，把农民与市场隔离开来，给农民吃定心丸。这种"以其人之道还治其人之身"的办法首先被印度、巴基斯坦采用，两国的棉价比国际价格还要低20%多，这不仅使其纺织企业处于优势地位，而且还为国内棉农打开了国际市场。当然，它们采取的也是类似美国营销补助贷款的补贴计划——基于预期的生产成本而不是市场价格。具体地说就是棉农以尚未收获的棉花作为抵押,向政府的信贷公司进行贷款,贷款的价格高于生产成本。收获之后,如果市场价格高于贷款价格,棉农可以选择卖掉棉花归还政府贷款,如果市场价格低于贷款价格,棉农可以将抵押的棉花交给政府而不偿还贷款。只有在这种前提下,农民才能消除后顾之忧放心地种植,而不是在盲目种植中承受大起大落的悲欢。

同时,还需要增大科研投入,努力提高单产,争取大幅度提高棉花总产量。1949年的棉花单产只有10.59千克,2007年已经达到了90.64千克,增长了756%。单产增加一倍其实等于棉花种植面积扩大了一倍。

总之,低棉价才有出路。不仅不要抬高棉价,而且要通过中储棉公司将棉农抵押的棉花在棉价上涨时抛售出去,压低市场价格,使国内棉价始终保持在与国际棉价同一水平甚至更具竞争力的水平,以便在产量大幅增长时出口。

第四章
The fourth chapter

美国：用玉米打垮世界

2022年：当玉米统治世界
点燃农产品价格导火索
能源独立的观念催生了玉米乙醇
为高油价火上浇油又为哪般
用玉米输出通胀
木薯行动

美国：用玉米打垮世界 | 第四章

2012年2月16日，国家副主席习近平在中美农业高层研讨会上说，"目前中国除了大豆有一定缺口，需要进口弥补以外，小麦、稻谷、玉米三大品种的产需都实现了基本平衡"。但是，这一局面实际上是不容乐观的。且不说大豆这个缺口的形势足以用"严峻"这样的字眼来形容，单说玉米，"平衡"之势也正在动摇和丧失。

从"1983—2011年中国玉米种植面积、单产量、总产量、进出口量表"上可以看出，2008年之前，除了1983年、1995年、1996年之外，中国是一个玉米净出口国。尽管2008年和2009年仍然属于净出口年份，但是，出口量从2007年的491.4万吨骤降至2008年的27万吨，其变化是惊人的。完整的逆转发生在2010年，进口数字由2009年的8.36万吨增加至157.2万吨，出口则萎缩至12.7万吨。

2008年的转折点，与美国农业部2008年的预测报告有关。根据职业习惯，《大生》的记者在第一时间阅读了美国农业部的这份报告，并与2007年的预测报告进行了对比，发现两份报告对玉米、大豆及相关制成品的价格预测有较大差异：玉米2008/09年度的农场价格由3.6美元/蒲式耳上调为3.75美元/蒲式耳；大豆2007/08年度的农场价格由7美元/蒲式耳上调至9美元；大豆油2007/08年度价格由0.30美元/磅上调至0.395美元/磅；豆粕2007/08年度价格由200美元/吨上调至250美元/吨。

中国农业**真相**

带着这一发现,《大生》记者在第一时间采访了这份报告的起草人之一、美国农业部专家保罗·韦斯特科特。他的回答简洁而明确:"主要变动是对生物燃料的推算加码了。"

保罗·韦斯特科特所说的生物燃料指的是用粮食作为原料制造的燃料乙醇和生物柴油。

攻破大豆,美国人用的是期货+现货的联动操作法;攻破棉花,美国人用的是棉花"缺口论"+纺织品"需求论"的前后夹击法;玉米呢?美国人的招法也是你想象不到的——能源危机+粮食安全的矛盾攻击法。

1983—2011年中国玉米种植面积、单产量、总产量、进出口量

年份	面积 (亿亩)	单产 (千克/亩)	生产量 (万吨)	进口量 (万吨)	出口量 (万吨)
1983	2.82	241.6	6821	211	6.0
1984	2.78	264.0	7341	6	95.0
1985	2.65	240.5	6383	9.1	633.7
1986	2.87	247.0	7086	58.8	564.0
1987	3.03	261.3	7924	154.2	392.0
1988	2.95	261.9	7735	10.9	391.2
1989	3.05	258.5	7893	6.8	350.2
1990	3.21	301.6	9682	36.9	340.4
1991	3.24	304.7	9877	0.1	778.2
1992	3.16	302.2	9538	…	1034.0
1993	3.10	330.9	10270	0.1	1110.0
1994	3.17	312.9	9928	0.2	874.9
1995	3.42	327.8	11199	526.4	11.5
1996	3.67	346.9	12747	44.7	23.8
1997	3.57	292.5	10430	0.3	667.1

(续表)

年份	面积 (亿亩)	单产 (千克/亩)	生产量 (万吨)	进口量 (万吨)	出口量 (万吨)
1998	3.79	351.2	13295	25.2	469.2
1999	3.89	329.7	12808	7.9	433.3
2000	3.46	328.3	10600	0.3	1047.9
2001	3.64	320.9	11409	3.9	600.0
2002	3.70	328.3	12131	0.8	1167.5
2003	3.61	320.9	11583	0.1	1639.1
2004	3.82	341.3	13029	0.2	232.4
2005	3.95	352.5	13937	0.4	864.2
2006	4.05	358.5	14518	6.52	307.1
2007	4.42	343.5	15184	3.52	491.4
2008	4.48	370.3	16591	4.9	27
2009	4.57	356.7	16300	8.36	13
2010	4.88	362.7	17700	157.2	12.7
2011	5.01	382.4	19175	176.4	13.6

数据来源：中国玉米产业信息网、海关总署，1993年（含）以后数据包括玉米粉。

2022年：当玉米统治世界

美国农业部为什么会"对生物燃料的推算加码"呢？这原因要追溯到美国总统布什在2007年12月签署的新能源法案。该法案规定，到2015年，乙醇玉米掺混量将增至150亿加仑，到2022年，生物燃料掺混量将增至360亿加仑。

美国推动生物能源发展的步子一直是稳步前行的。据美国能源情报署数据，美国玉米乙醇的产量从2002年开始升至20亿加仑以上，2004年升至30亿加仑以上，2006年升至40亿加仑以上，2007年升至60亿加仑以上。但新能源法案提出的目标一下子打破了这种增长节奏。

美国第一次提出乙醇可以和汽油混合始于1978年，那一年的美国能源税收法案提出：乙醇在燃料中的添加比例达到10%，联邦消费税对该种类燃料的征税比例是每加仑4美分。鉴于此，该项法案给予乙醇生产企业每加仑40美分的退税补贴。1983年地上运输补助法案将乙醇生产补贴提高到每加仑50美分。一年之后，也就是1984年，税制改革法案继续把补贴提高至60美分。1990年综合性预算调解法案又将补贴下调至54美分。1992年能源政策法案增加了燃料乙醇7.7%与5.7%这两种添加比例，并把乙醇添加比例高达85%的混合燃料作为一种可用的交通能源。2001年、2003年，生产补贴继续依次下调至53美分、52美分。2004年美国就业机会创造法案，把过去的退税补贴转移至混合燃料生产者的税收抵免上。2005年能源政策法案确立了可再生燃料在美国的最低使用量，称为可再生燃料标准。2007年的新能源法案前边已经提到。2011年12月31日，美国联邦政府取消混合燃料生产每加仑45美分的税收抵免优惠，以及每加仑54美分的进口关税。

如果说之前的支持还停留在税收的支持上，那么2005年，生物燃料即被列为重要的发展目标；2005年能源法案提出：到2012年，可再生燃料（包括生物乙醇和生物柴油）在汽油中的使用要达到75亿加仑，现在看来，这个目标显然已经落伍了；2007年之后，美国生物能源战车已经飞速奔跑起来。美国农业部2008年的预测报告预测，到2010年，仅玉米乙醇将超过120亿加仑，而2017年的产量将超过140亿加仑。现在看来，变化比计划快！

预测专家们在报告中非常富有感情色彩地使用了"强烈的生物乙醇扩张"这样的标题。而在2007年美国农业部召开的一次会议上,"能源大举进军农业"的主题更是醒人耳目。参会的嘉吉公司董事长兼CEO佩奇由衷地感叹道:这个提法真是再贴切不过了。

截至2008年,美国已投产和在建的燃料乙醇生产厂家已达200家;2004年生物柴油生产企业只有22家,2008年达到了150家。

美国人在玉米乙醇上的"大跃进"将会给农业带来什么影响呢?

很显然,美国人是清楚的。

2005/06年度,美国14%的玉米被用于了生产乙醇,2007年这一比例上升至20%。2008年的报告预测说,2010年当生产超过120亿加仑的时候,美国生物乙醇将吃掉43亿蒲式耳的玉米,占当年玉米预测产量(136.35亿蒲式耳)的32%。这个预测实现得怎么样呢?

据美国农业部公布的数据,2010年的时候,美国玉米产量只有3.19亿吨,合125.59亿蒲式耳,比预测少了10.76亿蒲式耳。不过,乙醇用玉米量却高达40亿蒲式耳,占比仍达32%。2011年期间,用于生产乙醇的玉米为50.21亿蒲式耳,即收获的玉米中超过40%都用于了乙醇加工。

在一些预测专家眼中,一个可怕的前景已经浮出水面:当实现360亿加仑的乙醇产量时,按美国农业部预测报告的玉米产量增产比例计算,美国的玉米将基本上被"吃干榨尽"。到那时,美国的牲畜将会吃什么?因为牲畜饲料每年要用掉一半或60%的玉米产量。还有,美国占有全球玉米出口市场的60%~70%,到那时,美国将成为净进口国,那么需要进口美国玉米才能吃上鸡鸭鱼肉的国家该怎么办呢?改素食吗?

未来的事情,恐怕没有人能说得清。

1980—2011年美国玉米乙醇产量表

年份	产量(单位:亿加仑)
1980	1.75
1981	2.15
1982	3.50
1983	3.75
1984	4.30
1985	6.10
1986	7.10
1987	8.30
1988	8.45
1989	8.70
1990	9.00
1991	9.50
1992	11.00
1993	12.00
1994	13.50
1995	14.00
1996	11.00
1997	13.00
1998	14.00
1999	14.70
2000	16.30
2001	17.70
2002	21.30
2003	28.00
2004	34.00
2005	39.04
2006	48.55
2007	65.00
2008	
2009	107.58
2010	132.30
2011	

资料来源:美国能源情报署

点燃农产品价格导火索

但是,毫无疑问,对于未来前景的任何恐慌,都可能是资本赚钱的好机会。

2007年12月19日,即布什签署能源法案的当天,玉米期货市场缩量上涨,追随大豆和小麦的涨势走高。

农业专家保罗对于农业市场有着长期的研究。对于2007年大豆油不断高涨带来的巨大冲击,中国人依据惯性思维认为是国际资金炒作的结果,而保罗认为这种看法过于单一了。他认为,正是作为美国可再生燃料第一大原料的玉米,点燃了全球农产品价格大幅上涨的导火索。

不知读者朋友是否还记得2008年那些危机四伏的预测?当年高盛公司曾提供给《大生》记者一份名为《商品市场观察》的报告,高盛大宗商品研究部负责人杰夫·柯里说:"我们认为,在未来12到18个月,许多大宗商品领域都可能进入危机状态……而我认为农产品是关键所在。"

美农业部的报告提供了佐证:2007/08年美国小麦库存降低了2000万蒲式耳,为2.27亿蒲式耳。这是自1947—1948年以来最低的水平。这种情况导致北达科他州的国有工厂开始从加拿大进口小麦。这种情况也是1922年以来历史上的第一次。

保罗说,从2008年之后的10年内,玉米的价格都将保持在空前高位,而农业领域的大洗牌大部分将在接下来的几年内发生。

保罗所说的"洗牌"具体是指玉米扩张带来的与其他作物争地,以及饲料行业难以承受玉米价格上涨幅度,转而改用小麦为原料进而引起小麦价格上涨。

保罗发现,在美国玉米主产区,传统的耕作方式是玉米和大豆轮种,但是现在农民们可能连续种两年玉米,第三年才种一次大豆,大豆产量的减少促进了2007年大豆及豆油价格的上涨。

从美国大豆和玉米的"PK表"上可以看出，2004年之前，玉米的播种面积差不多始终比大豆多500万英亩，很少有什么变化，然而到了2005年，这个数据被扩大到了975万英亩，两年之后的2007年这个差距进一步扩大到3000万英亩。根据这个态势，大豆、豆油、豆粕的价格上升是不出意料的事。

2000—2007年美国玉米、大豆PK表 （单位：百万英亩）

年份	2000	2001	2002	2003	2004	2005	2006	2007
玉米	79.55	75.70	78.89	78.60	80.93	81.78	78.33	93.60
大豆	74.23	74.08	73.96	73.40	75.21	72.03	75.52	63.70

资料来源：美国农业部

另外，玉米的扩种还会挤占棉花的种植面积，2007年，美国高地棉种植面积比上年减少了300万英亩。过高的玉米价格增加了饲料的成本，降低了肉类生产者的盈利能力，因此以牛肉为主的红肉产量将下降，禽类肉增长减慢。

保罗的观点并非耸人听闻。在美国农业部的报告中，有一张美国玉米、大豆、豆粕、豆油、小麦、大米的长期预测表，时间跨度为2006/07年度至2017/18年度，共12个年度。表中，美国玉米价格在2009/10年度达到顶峰，为3.8美元/蒲式耳，比2006/07年度的3.04美元/蒲式耳上涨了0.76美元。

0.76美元意味着什么呢？如果我们把产量考虑进来，大宗商品的威力就会显示出来。2009/10年度玉米产量预计为131.5亿蒲式耳（实际产量为129.21亿蒲式耳），这就意味着这一年度要比2006/07年度多花99.94亿美元，才能购买到同样多的玉米。

以同样的计算方法，美国大豆及产品农场价格、豆油价格、豆粕价格、小麦农场价格、大米世界价格在其预测的价格峰值时由涨价带来的额外支出分别为66.67亿美元、17.4亿美元、19.33亿美元、38亿美元、7.97亿美元，共计250亿美元。

当然，美国并没有完全承担这250亿美元，如果计算以上各粮食品种在价格峰值时的预测出口量，其中70多亿美元的涨价通过出口被粮食进口国分摊掉了。换句话说，这就是输出通货膨胀。

2008年是一个悲观的年份。当年的《金融时报》认为：食品价格的不断上涨会在发展中（或是半发达）国家产生重大政治影响，条件优越的西方国家有时无法充分理解其影响程度。一位观察家在接受《大生》采访时所说的话更直接：正在和即将展开的粮食价格上涨，对于投资者来说的确是一个好消息。被称为国际投资大师的罗杰斯年初宣布，全球将迎来农产品大牛市。但是对于低收入的发展中国家而言，这种前景是灾难性的。他举例说，联合国粮食计划署用于向非洲饥民分发每日粮食配给的红塑料杯，每天通常只能装三分之二，因为食品价格的上涨速度高于粮食计划署的预算。

由美国玉米乙醇带动的价格上涨，困扰的绝不仅仅是非洲。2008年在中国总理温家宝眼中，是"中国经济最困难的一年"，他在两会记者招待会上凝重地说道："我们必须在经济发展（8%）和抑制通货膨胀（4.8%）之间找出一个平衡点。"

中国农业真相

能源独立的观念催生了玉米乙醇

　　由美国用玉米催动的生物能源风暴席卷了全球,这对于中国这个粮食消费大国来说自然是一个巨大的挑战,而对于一些缺粮国家来说则可能是一场灾难。联合国粮农组织2007年的一份名为《最新粮食紧急情况》报告中写道:尽管2006年谷物获得创纪录产量,许多国家粮食供应形势获得改善,但仍有33个国家存在粮食紧缺情况。

　　2007年,印度1千克大米的价格由原来的20卢比涨到了40卢比,很多贫民因食品涨价而揭不开锅。在埃及,部分食品的价格已经上涨了两倍之多。真正挨饿的还是非洲兄弟,在非洲南部的马拉维、津巴布韦、莫桑比克等国,至少有1200万人严重缺粮。

　　嘉吉公司的董事长佩奇在2008年3月22日接受了《大生》面对面的采访。他表情十分平静地说,嘉吉不赞成把供人类充饥的粮食用于燃料。他说:"作为领导人,我们应该问自己这个问题:什么价格是我们准备好的,让这个世界上的穷人支付伙食费的?作为一个发达的社会,我们将有能力同时生产粮食和可再生燃料,但对那些能够负担得起它的人们而言,这意味着什么样的成本?作为一个负责任的社会,我们需要仔细地思考和规划,因为我们将继续面对向一个人口日益扩大的世界提供食品的挑战。"

　　当然,面对媒体的说辞与作为企业的务实其实是两回事。在反对"把粮食用于燃烧"的同时,嘉吉正斥资10亿美元在全球加紧扩建自己的生物燃料产业。

　　美国政府似乎连佩奇先生表面上的担忧也没有,在2007年年底签署的新能源法案中,没有对生物能源可能带来饥饿的问题表示任何关心。该法案的宗旨从它的名字——美国能源独立与安全法案——中表露无遗。

　　与粮食危机相比,美国对于能源危机的感受可能更为深刻。

在全球第一次粮价高峰时期，爆发了全球第一次石油危机。

1973年10月第四次中东战争爆发，18日，主要石油生产国先后宣布中断向美国出口石油。美国每天的石油进口减少了200万桶，许多工厂因而关闭停工，政府不得不减少班机航次，限制车速，对取暖用油实行配给，星期天关闭全国加油站，禁止和限制户外灯光广告等。甚至连白宫顶上和联合国大厦周围的电灯也限时关掉，尼克松还下令减少他的座机的护航飞机。

在那个年头，"请允许我发动我的汽车"是美国人的心愿，并登上了当时报纸的大标题。

类似这样的石油危机美国一共经历了四次。

1979—1980年，伊朗革命爆发，引发第二次石油危机，石油价格从每桶14美元飞涨到40美元，美国国内生产总值下降3%。

1990年8月，伊拉克入侵科威特，美国随后对伊拉克开战，第三次石油危机爆发，油价三个月内从每桶14美元突破40美元。

1998—1999年年初，欧佩克连续三次减产。2001年美国遭受"9·11"恐怖袭击，开始陈兵海湾，到2003年3月，美军再次进军伊拉克。这次石油危机持续时间较长，油价不断攀升，2003年国际原油价格为每桶27美元，2004年约为40美元，2005年8月，美国能源法案签署月，一度突破每桶67美元。

进入2007年后，"第五次石油危机"的呼声此起彼伏，油价也十分给力地冲高至90美元。而2008年3月11日，纽约商品交易所4月交付的轻质原油期货价格盘中一度突破百元，达到了每桶109.72美元。

美国一位石油专家在接受《大生》记者电话采访时说道：正是在不断应对危机的过程中，美国树立起了强烈的"能源独立"观念，并由此衍生出发展"生物能源"的战略。2005年的能源法案第一次奠定了生物能源战略，2007年的新能源法案则把这一战略推入了爆发期。

为高油价火上浇油又为哪般

美国虽然不断强调"能源独立与安全",但是面对2005年以来的油价飞涨和"第五次石油危机"的呼声,却没有任何平抑价格的动作。这一表现自然会使人发问:美国的意图究竟是什么呢?

与前四次因战争导致石油减产引发油价上涨不同,2005年以来的价格陡峭上行并非因为供求关系。有一位中石化的销售主管给笔者提供了一组数据来说明这一问题:2004年第一季度,原油每天供大于求约30万桶;第二季度全世界原油日产量为8190万桶,平均日需求8040万桶,日供大于求150万桶。2005年世界石油日供应量约8400万桶,日消费量约8300万桶,供大于求100万桶。这位主管告诉笔者,他的观点是:油价上涨原因并非供不应求,而是另有原因,这个原因就是资本投机炒作。

"2005年世界石油平均日供销量为8000多万桶,但纽约国际石油交易所期货交易日交易量达2亿桶,伦敦国际石油交易所日交易量接近4亿桶。这意味着原油一天之内要被投机商倒手几次。"主管向笔者解释道,"按金额计算,当油价为50美元/桶时,世界石油日消费金额约40多亿美元,而国际石油市场日交易金额则高达数百亿美元。"

中国商务部研究院梅新育对这位主管的观点很是认同:"石油期货价格作为定价基准,皮肯斯之流石油炒家对油价的影响力超过了海湾国家的石油部长们。"

奇怪的是,在油价不断攀升的情况下,掌握着7亿桶石油储备的美国能源部面对"动用储备平抑油价"的呼声竟不为所动。

石油储备制度是美国吸取第四次中东战争教训,通过《1975年能源政策与节约法案》设立的一项制度。在墨西哥湾海岸附近和路易斯安那州的沿海地区,有4座锥型的储备库,这些储备库全部藏在610~1200多米深的巨大盐层洞穴中。当初的储备目标是10亿桶，最终形成了7亿桶的规模。2008年的时候，美国储备达6.98亿桶，已经"满仓"。

从建立石油储备之日起，美国共动用过四次储备平抑油价：1991年海湾战争期间，向国内市场投放2100万桶石油；1996年和1997年，克林顿总统出售了2800万桶石油；2000年9月克林顿再次下令出售3000万桶平抑美国东北部高居不下的油价；2004年动用170万桶储备缓解"伊万"飓风的影响。但是自2005年之后，美国只增加储备而不再动用储备。布什总统在2007年1月的国情咨文中宣布，到2027年要将美国的战略石油储备翻一番，达到15亿桶。为此，能源部开始建立新的储备库。

2008年1月2日，石油价格破百，刷新2007年创出的每桶99.29美元的国际原油期货盘中最高纪录。2月初，民主党议员拜伦·多根提出一项议案，要求美国能源部2008年剩下的时间里，应该在油价跌至每桶50美元以下前暂停增加原油储备。但是这一提议遭到能源部的反驳：每天进入储备的原油仅是市场中很小的一部分，不会对价格造成任何显著影响。能源部所说的"很小的一部分"是多少呢？每天7万桶！

一位金融界人士的一番话道破了天机："抬高油价其实对美国有利，因为美元仍然处于贬值趋势，而石油以美元定价，因此，弱势美元可以通过石油价格的上涨，加剧各国的通货膨胀，遏制各国的经济增长，使美国在次贷危机所加剧的经济衰退中得到喘息的机会，从而使美国经济恢复强势。"

用玉米输出通胀

读者朋友看到这里或许会感到纳闷了：这一章不是在谈玉米吗？怎

么改谈石油了呢？是不是跑题了呢？其实并不跑题，因为玉米制成乙醇后可以混掺入汽油进行燃烧，因此在美国人的眼中，玉米就等于石油。也正因为如此，美国人才会说扩大玉米乙醇规模是为了保障能源安全和能源独立。但是通过上一节我们对全球石油供求关系、美国石油储备情况，以及美国在油价飞涨之时不仅拒绝抛售储备平息油价，反而继续增加储备"火上浇油"的事实的分析，我们可以清晰地看到，能源安全和能源独立过去也许是，但现在明显不是美国的真实意图。以能源安全和能源独立的名义所造成的直接后果是美元的贬值，因为石油是以美元计价的。同理，以能源安全和能源独立的名义扩大规模的玉米乙醇，造成的直接后果则是全球玉米供给量的大幅减少，直接抬升玉米价格并进而抬升其他粮食价格，这同样造成美元的主动贬值，因为粮食也是以美元计价的。美元的主动贬值等同于其他国家货币的被动升值，结论就是：通货膨胀附着在石油和粮食这些大宗商品上面向各国蔓延。

如果读者朋友了解一些国际经济特别是美元变迁的知识，就不会对玉米乙醇引发全球通货膨胀的连锁反应感到奇怪了。

本书已经在第一章最后一节里讲到，1944年，美国为了打开各国的贸易保护大门，于当年7月与22个国家成立世界贸易组织。虽然该提议没有被通过，但是却为打造全球性的贸易体系提供了一个最有利的武器——以美元为核心的全球货币体系。只有美元与黄金挂钩，所有货币与美元挂钩。尽管20世纪50年代以后美国经济衰退，美元与黄金脱钩，但是以美元为核心的货币体系并未打破，美国则充分利用了这一条件，采取抬高大宗商品价格的办法，达到美元主动贬值——其他货币因连锁作用被动贬值的效果。而玉米无非是被用来使美元主动贬值的大宗商品之一罢了。

通过这种方法，美国一方面可以吸引投资，重振经济；另一方面使其他国家的外汇储备缩水，同时通过商品贸易把美国的通货膨胀传输到世界各地，使各主要经济国家和包括中国在内的新型国家的经济发展遭受打击。

木薯行动

玉米乙醇本来是中国消化陈化粮的副产品，但是奇怪的是当陈化粮消化完毕之后，玉米转化乙醇的工作并没有停止，反而受到"美国生物能源战略"的影响，也逐渐演化出中国的"生物能源战略"。对此，笔者十分不以为然，因为科学已经证明，生物质能源的生产过程所消耗的能源，已经大于其本身，机械化农业需要消耗大量的石油，而且，它严重与人争粮。

还好，中国的选择是"非粮路线"。

这一思路是明智的。

但玉米乙醇的产量仍然居高不下。比如，中国2009年的玉米乙醇产量为172万吨，通过计算得出用于乙醇生产的玉米数量为440.3万吨，到了2011年，玉米乙醇产量令人咋舌地提高到了916.78万吨，这样核算下来的玉米用量就是2347万吨，是2009年的5.3倍！

实际上玉米乙醇的反对之声从停止过。中国商业联合会石油流通委员会会长赵友山在2011年4月说："据我们调研，我国目前有1000万吨燃料乙醇的制造产能。按3.3吨玉米制1吨燃料乙醇的行业生产水平计算，每年需要3300万吨玉米原料。汽车与百姓争玉米，导致国内去年首次出现玉米净进口状况，并进一步推动了玉米价格的上涨。"一年后该委员会上书国务院，建议停止用粮食生产燃料乙醇的试点项目，同时取消对用玉米加工生产车用乙醇汽油的补贴及减免税收政策。

赵友山还从成本上给乙醇汽油算了一笔经济账：1吨国产玉米的价格为2200元左右，进口玉米的价格为每吨2600元左右。生产1吨燃料乙醇需要3.3吨左右的玉米外加1.5吨煤，1吨燃料乙醇的成本高达8000元以上。一辆使用燃料乙醇的汽车，1年所需的费用比使用普通汽油的车辆高1500元左右。

但是这些看法根本阻挡不了玉米乙醇前进的脚步，原因十分简单，那就是只要补贴存在，玉米乙醇的加工机器就不会停下来。

为什么发改委通过停止批项目、停止供应玉米收购贷款等严厉手段都没有禁止住玉米乙醇发展的强劲势头呢？因为发改委的限制并不是针对所有玉米乙醇企业，有四家定点企业仍继续享受补贴。这种不公平的局面究竟是在限制玉米乙醇的发展还是在鼓励玉米乙醇的发展就很难说了。其实，发改委如果真的是想限制玉米乙醇发展，办法还是有的，而且很简单，就像赵友山说的那样，取消玉米乙醇补贴不就得了？

2006年中粮将四家定点乙醇厂并购之后，就掌控了全国70%的产能，计划用5年时间，投资百亿元，实现年产燃料乙醇310万吨的目标。这个目标意味着全中国一半的汽车将掺混中国的乙醇，中粮集团也将成为继中石油、中石化、中海油之后的又一个能源巨头。

2007年发改委停止项目审批后，中粮率先提出"非粮路线"。第一个被列入计划的替代玉米的原料是甜高粱。2007年中粮在河北黄骅、山东阳信和内蒙古五原布局甜高粱试验田。3.3吨玉米出1吨乙醇，而换了甜高粱，就需要18吨了。过高的成本使中粮在一年之后终止了这个项目。

第二个被中粮选中的原料品种是木薯。木薯原产于南美洲，19世纪20年代引进中国，广泛分布于华南地区，两广种植面积最大。特别是广西的产量占全国70%。中粮的第一个木薯乙醇厂就建立在广西北海。根据在香港上市的中国粮油控股公司年报，2011年，中粮在黑龙江的生物燃料产能为120万吨（玉米原料），在广西产能为60万吨（木薯原料，燃料乙醇实际产量38万吨）。根据3.3吨木薯产1吨乙醇，需要原料木薯125.4

万吨，占了广西总产量的70%。大量的收购不断抬升木薯价格，2006年的时候，干木薯的价格为1000元/吨，两年后，价格升至1900元/吨。尽管如此也难以满足中粮的胃口，中粮不得不向越南进口木薯。在越南，中粮又不得不和来自日本、韩国的企业竞争。从越南进口木薯需要2200元/吨，单单原料价格就达到了7260元，再算上人员工资等，已经超过8000元，这比同时期7119元的玉米做原料生产乙醇成本更高。

根据中粮生化公司年报，2011年，该公司燃料乙醇类及其副产品营业收入39.04亿元，成本为38.46亿元，毛利率只有1.48%。当不断刷新的价格破坏了中粮的"木薯行动"计划后，举步维艰的中粮集团不得不寄希望于最后一根稻草——纤维素乙醇。农业部的数据显示，中国可利用的秸秆资源量为6亿吨，除了喂养牲畜和秸秆还田，仍有3亿吨秸秆可用来生产燃料乙醇。

这是个好消息吗？应该是，不过，价格仍然是难题。仅购买生物酶，中粮就要支付2000元/吨的成本。中国的出路在哪里呢？答案似乎是未知的。不过，令粮食专家感到安慰是，"非粮路线"总是没错的，它避开了玉米作为三大主粮的竞争。

2006—2011年广西木薯产量　（单位：万吨）

年份	产量
2006	187.6
2007	186.4
2008	154.7
2009	164.12
2010	173.21
2011	180.33

资料来源：2006—2011年广西国民经济和社会发展统计公报

中国农业**真相**

> ■ 延伸阅读：中国生物燃料发展历程

中国鼓励发展生物燃料始于2001年，当年为了消化陈化粮（储存后变质的粮食），规定黑龙江华润酒精（现为"中粮肇东"）、吉林燃料乙醇、河南天冠、安徽丰原等四家企业获得生产车用乙醇的权利，并在2004年6月对车用乙醇进行补贴。2006年年底粮食价格疯涨，出于粮食安全的考虑，发改委下发通知，强调凡违规审批和擅自开工建设的车用乙醇项目，不得享受燃料乙醇财政税收优惠政策，并将补贴下调。但是借此机会中粮却高调进入燃料乙醇产业。2006年开始，中粮先后将4家燃料乙醇定点企业中的3家收归囊中。除了中粮这样的巨无霸之外，很多中小型乙醇生产企业为了获得补贴也纷纷加入到生产大军里来。2009年的乙醇产量为172万吨，其中137.6万吨为玉米乙醇，再按3.2吨玉米产一吨乙醇来计算，2009年用于生产乙醇的玉米即为440.3万吨。这个数字虽然只占当年玉米总产量1.63亿吨的不足3%，但是对于第二年，也就是2010年突然猛增的157万吨的进口量来说，可是绰绰有余了。

2011年4月19日，发改委等多部门发文，要求在6月底前暂停对储备企业之外的各类经营者发放贷款收购玉米，已发放的贷款不得展期。这也是针对玉米乙醇增加玉米消费进而促使价格上涨发布的非常严厉的措施。

2012年5月，财政部下发通知将玉米乙醇的补贴标准降至了500元/吨。

第五章
The fifth chapter

挑战国家储备

益海嘉里叫板国家收购价
国储机构率先发难
国企停购的玄机
被挤出市场的县级粮库
1949年米棉之战
呼吁二次国企改革

大豆、棉花、玉米，中国开始明明都是净出口国，最后却都变成了净进口国。农民因为成本不断提升、价格上不去而纷纷放弃种植，国产大豆、国产棉花的产量不断下降，国产玉米虽然有所上升，但是有了大豆和棉花的教训，谁知道它什么时候也会降下来呢？还有，小麦和大米这北中国和南中国的两大口粮会不会……哎，这只有天晓得了。

其实，中国人对于美国人的了解还是太少，即便那些自认为比大家了解得多的人也无不如此，很难说做到了知己知彼。就以这三个品种为例，美国人的操作手法可谓各不相同：大豆——产量预测＋期货＋并购；棉花——棉花补贴＋缺口论＋纺织品设限；玉米——生物能源竞赛＋粮食价格危机。手法之高妙，令中国人眼花缭乱和羡慕不已。在这种状态之下，中国人会本能地戒备美国人是否会，以及怎样在小麦和玉米上展开动作。期货吗？小麦乙醇吗？还是别的什么？

呵呵，美国人当然不会那么傻，用过的方法自然不会再用。这不，美国人闯进中国国内来收购粮食了。

益海嘉里叫板国家收购价

2010年夏,中国的产粮大省江西。

8月1日,国有粮食收购企业还没有开磅的时候,有一家公司就跑到稻田里收购早稻了。当年国家制定的早稻最低收购价为93元/百斤,当地市场的平均收购价为95元/百斤,这家公司居然出价98元/百斤。一般来说,农民收割了水稻后,要整晒、烘干后才能卖,但是卖给这家公司,所有这些费时费力甚至还要花钱的环节全免,这就让当地的稻农难以拒绝了。

不过,这家公司每加工100斤大米要亏进去一两块钱。明眼人都看得出来,这是和国家收购叫板。

这家企业名叫益海嘉里(抚州)粮油食品有限公司。从公司名称当中就可以知道,这家公司的母公司应该是益海嘉里集团。益海嘉里集团是一个外资企业,它的股东分别是世界四大粮商之中的ADM和新加坡综合农业产业集团——丰益国际。益海嘉里集团成立于2001年,总部设在上海陆家嘴。目前该集团在国内直接控股的工厂和贸易公司已达38家,另外还参股了鲁花等国内多家著名粮油加工企业。读者朋友如果购买过"金龙鱼"牌食用油,对这个公司就会有些感性认识了,因为"金龙鱼"就是这家企业的产品。

这家公司名气不大,但是在稻谷和小麦领域的实力不可小视。《中国粮油加工行业统计年报》的数据显示:2009年,益海嘉里的小麦年加工能力达到了120万吨,小麦粉销量约80万吨,市场占有率排第四,紧随五得利、中粮、华龙之后。业内人士预计,到2013年年初,其小麦的年加工能力就能达到632万吨,很可能超过目前的行业老大五得利。在稻谷加工领域,益海嘉里进展同样神速,2010年年底加工能力就达到了100万吨,中储粮为150万吨,国内最大的米业公司——北大荒米业的加工能力为700多万吨。另据公开数据,仅2009年,益海嘉里在华获得的收入达500多亿元。

据媒体报道,在江西收购水稻之前,益海嘉里已在山东、石家庄等地参与了粮食收购,且收购价格均高于市场价。此番在江西收购,是因为益海嘉里(抚州)粮油食品有限公司就在江西抚州,该公司是益海嘉里集团于2009年2月份通过收购江西省级农业产业化龙头企业——江西和氏米业有限公司名下的大米加工设备、厂房以及"爱和"牌注册商标组建的。

和氏米业位于江西的粮食主产区抚州市金溪县,而抚州市有赣抚粮仓之称,每年生产粮食达50亿斤,向国家提供商品粮超过20亿斤,占整个江西省的50%以上,因此,这里一直是各地粮商抢粮的前沿阵地。为了抢占先机,益海嘉里、中粮和中储粮等纷纷到这里设立加工项目,跑马圈地。

此前,抢粮主要发生在国内的国营企业和私营企业之间,益海嘉里的加入,让局势变得更加复杂和热闹。

当时,在抚州市有粮食加工许可证的企业为213家,年加工能力达60亿斤,整个江西省的大米加工企业更是达2000多家。外资和中国的大型企业纷纷在此地设厂,使该地的加工能力远远超过了当地大米的产出能力,因此,很多企业面临着无米加工的窘境。当然,无米加工的自然是小型工厂。原因很简单,由于收购成本太高,当时优质早稻加工成大米的利润只有0.38元/斤,而加工普通大米还要亏0.04元/斤。像益海嘉里那样,高价收购、赔钱加工,小企业自然承受不了。因此,大部分小企业都面临着停产倒闭的危险。

国储机构率先发难

2010年8月底,当地国储机构终于忍不住了。中储粮金溪直属库负责人通过媒体公开批评道：益海嘉里的经营缺乏民生观念和政策观念。他举出的证据是：益海嘉里的抚州公司一直都在亏损，但仍高价收米；此外，大米加工厂的原料一般是中晚稻，但益海嘉里却高价抢收早稻，给人的感觉是在搅局，扰乱市场。

原来，金溪县年产早稻3亿斤，其中50%为商品粮，而中储粮当地的直属库储备粮收的主要就是早稻，储量约1.25亿斤左右。因此，益海嘉里的行为，影响的不仅仅是小企业，也包括中储粮。

中储粮等企业对于益海嘉里的指责，惊动了中央政府。9—10月，整整一个月间，商务部、农业部、发改委等各部门都纷纷派人到金溪调查，最后得出的结论是，对外资扰乱市场秩序的指责不成立。

据当地的业内人士透露，中储粮并非单纯地抱怨益海嘉里，益海嘉里收购的粮食其实是在当地粮食部门的帮助下收购的，因此，中储粮抱怨的实际上是这些粮食部门。

由此看来，在抢粮问题上，事情并没有看起来那么简单。

到了收获中稻的时间，拥有300亩稻田的金溪县农民廖根仁成了"名人"，粮管所的、中储粮库的、大米企业的，福建、广东来的粮商，几乎都在找他，希望买下他收获的稻谷。在粮管所的人看来，这简直是在抢："收粮的人都等在田间地头，只要农户愿意卖，他们可以在田里就把刚刚打下来的稻谷收走，根本不用农民自己去晾干。"往年作为当地稻谷收购主体的中储粮金溪直属库和十几个县的粮管所基本无粮可收。

在中央部委调查之后，益海嘉里也韬光养晦地把收购价格降至低于最高价格一两分的水平。"前一段时间有不少舆论指责我们抬高了收购价，所以我们现在一般按照低于常规市场价来收购，避免引领价格。"益海嘉里（南昌）粮油食品有限公司总经理于风义在接受记者采访时如是说。

尽管如此，价格仍高居不下，国家的"托市收购"形同虚设。

那么，抢粮风潮的原因何在呢？据业内人士分析：2009年，国家储备粮由原来的三年轮换一次改为两年轮换一次，根据规定，陈粮（第一次储存期限超过一年的粮食）按照当年收购价加仓储费用轮出后，四个月之内必须用新粮补充库存，否则若形成价差损失，由各直属库承担。中储粮金溪直属库仅在2010年，需轮换的2008年的存粮就达2400多万斤。那些福建、广东来的收购人员要不就是两省中储粮库的，要不就是他们委派的异地收粮人员。

所谓利益相关，中储粮对益海嘉里"高价抢粮"的起急也是情有可原。

国企停购的玄机

中储粮一直在国内粮油收购中扮演着重要的角色，是中央储备粮的主要管理者。其收购业务主要分为两大块：一块为政策性业务，就是按照国家规定的最低收购价收购粮食，然后进行存储拍卖，中储粮可以从该项业务中拿到补贴；另一块是贸易业务，就是按照市场价格收购粮食再卖出获利，或者受国内的一些企业委托，代购粮食赚取差价，这部分是中储粮的重要收入来源。

考虑到中储粮的职能，它指责益海嘉里的高价收购行为扰乱市场秩序，自然显得理直气壮。但到了2010年9月，形势就发生了根本性的变化。知情人士开始大肆"围攻"中储粮，指责中储粮才是抬高粮价的真正推手。

此后几天之内，国务院办公厅就下发了《关于做好秋粮收购和当前粮食市场调控工作的通知》，措辞十分严厉："中储粮全面暂停除与储备吞吐轮换直接相关业务以外一切购销经营活动。"

通知下发到各地县市级政府后，不少人都长长地出了一口气：国家早该限制中储粮了。

原来,就在益海嘉里收购了191吨早稻后不久,中储粮金溪直属库收购早稻的价格,一下就提到了99.5元/百斤,比益海嘉里的收购价格还高1.5元,稻价高企,中储粮怎能脱得了干系呢?

不过,中储粮的内部人士却不服气:中储粮的退出对控制粮食价格的作用不会很大,反过来因为缺少了竞争对手,会让以益海嘉里为首的外资受益。

2011年春节一过,粮价又开始上涨,2月中下旬,中粮、中纺、华粮,也包括中储粮,四大粮食央企就接到了上级打来的电话,主要内容为暂时停止收购原粮。由于粮价上涨过快,央企被要求不参与收购,或者说不参与"抢粮"。

四大央企限购,无疑给外资提供了绝佳的抢粮机会,益海嘉里已经设立了更多的收购网点。不过,早在春节前,北方就出现旱情,有先知先觉的企业就开始屯粮了,可供市场交易的粮食非常有限,央企继续收购或是暂时停止收购的意义并不大。可以说,政府的政策,显得略迟了一步。

现在需要注意的是,国家同时勒令三家粮食央企停止收购,难道不怕出现外资独大的局面?

原来在2010年的托市收购中,除了中储粮外,国家还允许中粮、中国华粮物流集团公司所属企业加入其中。国家就是希望经过市场化竞争,调控价格,但结果却是,包括国内的企业也互相抢粮。

中粮其实早就对中储粮在粮食收购上的垄断地位提出过异议,但是在获得收购资格后就与中储粮形成了直接竞争的局面,双方互相抬价。为了抢小麦,在河南,中粮的收购价格最高达到1.01元/斤,而国家规定的最低价仅为0.90元/斤。

到了2011年5月,政府在公布的《2011年小麦最低收购价执行预案》中明确,在主产区执行最低收购价的企业为中储粮总公司及其分公司。

也就是说，在托市收购方面的权利，又回到了中储粮手里。

可见，为了防止企业之间相互抢粮、抬高粮价，国家又恢复了中储粮的垄断地位。

被挤出市场的县级粮库

中储粮、中粮、华粮的内争外斗有伤元气，而县级粮库面临的则是生死存亡的问题。

2010年年底，河北沧州某产粮大县。

王林所在的粮库是一家县级国有粮库，王林担任运营主任，之前他是一家国有粮站的站长。目前的王林已经比较悠闲，一年中最忙的时候已经过去，他所在的粮库里已经装满了粮食。

目前粮食价格比王林收购时候的价格又上涨了不少，也就是说，他所在粮库的粮食增值了，按理来说，如果可以买卖粮食，他们完全可以通过溢价赚一笔。不过，王林并不关心，因为，这和他以及他所在的粮库一点关系都没有。因为，粮库收购的粮食并不属于他们，而是属于益海嘉里，粮库只是收取大约50元/吨左右的代收代储费。

王林所在粮库的生存方式并不是特例，目前在中国的主要粮食产区——河北、山东等地，基层国有粮库为外资代收代储现象已经非常普遍。从本质上说，这些基层粮库仅仅是益海嘉里在中国粮食领域扩张的一枚棋子，已经失去了在市场上竞争的主动权。

其实，这些基层粮库也不愿意沦落到这步田地，也是不得已而为之。

2003年，中国开始了粮食流通体制改革，并建立了国家、省、市、县四级粮食储备体系。当时的县级储备粮库也承担着调节市场供求、平抑粮食产量波动等重要任务，并与其他三级粮库一起构成国家粮食储备体系。但到了2004年，形势发生了根本的变化。

2004年5月26日《粮食流通管理条例》正式公布。粮食流通领域加快了市场化步伐，县级粮库被完全推向市场，不得不与拥有财政支持的国储粮库、省储粮库、市属粮库及私人粮商展开竞争，由于没有国储库和省储库的有利身份，再加上缺少了国家的拨款支持，县级粮库在竞争中败下阵来，很多粮库因缺乏资金，出现库中无粮可存的现象。

就在中国的粮食改革进行得热火朝天的时候，中国政府对外资的态度也发生了一定程度的转变。在2005年的《外商投资产业指导目录》中，明确把粮食存储和加工列在鼓励外资投资的产业目录中。

在中国粮食领域寻找突破口的益海嘉里及时发现了县级粮库存在的问题，并认为这是一个很好的发展机会：自己收购的粮食正好无处存放。在生死存亡中挣扎的县级粮库自然求之不得，于是双方一拍即合。益海嘉里合作的县级粮库遍及东北、华北、华中等国内主要的粮食主产区。

合作中益海嘉里只给这些粮库一些低廉的代储费，刚好维持其日常开销。即便如此，县级粮库非常热情。反正是代储，给谁代储都一样，而且中储粮分配下来的指标总是不太固定，有时很多，有时又很少，或者有一阵子又没有粮食可供储存，所以从中储粮那儿收的代储费也不稳定，而与益海嘉里合作则不会存在这些问题。

但是益海嘉里也有自己的打算，它并不准备长期依赖于地方粮库，因为毕竟不是自己的粮库，很难保证随时都可以存放粮食，而且如果出现意外，很可能出现无处存粮的情况。

这种情况也确实发生过。比如在2009年，山东小麦大丰收，全国很多地区的小麦价格都低于国家的最低收购价，因此，国家执行了托市收购，这些粮食就放在了县级粮库，挤占了益海嘉里的粮食存储空间。因此，早在2008年，益海嘉里就在山东省的武城县、庆云县和嘉祥县建立了3个仓储贸易企业。此后，益海嘉里自建粮库的步伐逐渐加大，尤其在河北省，自建粮库已经初具规模。

如果益海嘉里的粮库数量达到一定规模，县级基层粮库那点代储费恐怕也很难收到了。

1949年米棉之战

益海嘉里目前收购的小麦和稻谷主要用于自己的食品加工，规模不大，容易使人麻痹大意。但是很难说有朝一日益海嘉里依靠强大的加工能力掌握了巨大的粮源，会不会成为中储粮真正的竞争对手。到那时政府应该如何应对呢？毕竟，粮源一头连着粮食安全，一头连着农民利益。而中储粮恰恰是政府平衡两方面利益的杠杆。笔者希望在此荡开闲笔给读者朋友讲一段小故事——1949年的米棉之战，也许会对如何看待益海嘉里的现状和未来有些帮助。这场惊心动魄的"战争"，在很多教科书上都以案例的形式被选登。

从1949年6月中旬到7月下旬，上海的投机资本乘国民党对新政权实行武装封锁和一些地区遭受水灾、风灾之机，操纵市场，以米价带头，纱布跟进，带动物价全面上涨。上海米价猛涨4倍，纱价上涨1倍，涨价浪潮接着又影响到整个华东和华北、中南等地。7月平均物价比6月上涨1.8倍。

从10月15日起，投机资本掀起了又一场物价风波，使涨价风从上海和天津向全国蔓延起来。一时间，币值大跌，物价猛涨。进入11月份，上海和天津物价上升更为猛烈，这次投机分子集中攻击纱布，上海的棉纱价格不到一个月上涨了3.8倍，棉布上涨了3.5倍，其他商品价格也水涨船高。

得知消息后，毛泽东找来时任中央财政经济委员会主任的陈云。陈云向毛泽东汇报说：这次物价上涨，实际上是不法资本家和党在经济战线上的一次较量。毛泽东沉思了片刻后追问：他们利用的是什么手段？陈云只用了简短的四个字回答：囤积居奇。毛泽东轻轻地感叹道：好厉害！随后开始在屋子里慢慢踱步、凝思。经过一番周密的商议后，一个解决方案成形了：解决上海问题和稳定全国物价的关键，是要抓住大米和纱布，"我掌握多少，即是控制市场力量的大小"，"人心乱不乱，在城市，中心是粮食，在农村，主要靠纱布"。

从1949年11月15日至30日，中央人民政府每日从东北调动1000万至1200万斤粮食入关，加紧华中棉花东运，把陇海沿线积压的纱布运至西安。在此期间，天津、上海、西安等大城市都准备了足够抛售的粮食、棉布、棉纱等物品。经过周密布置之后，选择市场物价达到高峰之机，于11月25日在全国各大城市统一行动，集中抛售。

大量物资涌入市场，使投机资本措手不及，吞食不下，26日市场物价立即下降。连续抛售10天后，粮、棉等商品价格猛跌30%～40%。投机商哄抬物价的阴谋破灭，竞相抛售存货，但是市场已经饱和，愈抛愈贱，愈是不易脱手。不少投机商人是通过借高利贷抢购囤积的，不仅所囤货物亏本，还要付出很高的利息。许多投机商因亏损过多不得不宣告破产。

至此，上海和全国的物价迅速稳定下来。上海某资本家感叹说："6月银元风潮，中共是用政治力量压下去的，此次则仅用经济力量就能稳住，是上海工商界所料不到的。"

呼吁二次国企改革

所谓前事不忘后事之师，笔者在此处叙述一段新中国初期的宏观调控的故事，其实是想对比当今的宏观调控。不过，仔细对比起来，今昔之不同还是很明显的。首先，1949年新中国还处于战时状态，中共中央调集物资如臂使指，陈云根据毛泽东指示，一夜之间起草十二道"密令"，一纸令下，铁道部、财政部、人民银行、各大区军政机关军令如山，真所谓商场如战场，调控效果立竿见影。

如今呢？

负责收储的中储粮总公司，以及被批准收储托市的中粮集团、中纺集团、中国华粮物流集团公司，却各有各的"小九九"。这个"小九九"就是各自的企业利益，中储粮揭发外资高价收粮，中粮等又谴责中储粮垄断。造成这一现状的原因，其实不在企业而在体制。

2008年的时候，笔者曾以《大生》总编辑的身份采访了中粮集团的前董事长周明臣先生，之后撰写了一篇名为《中粮蜕变》的文章作为封面报道刊出。据相关人士透露，周先生对此文并不满意。笔者心里对此是有准备的，因为在笔者看来，中粮曾经作为唯一拥有粮食进出口权的特大型企业，是53家关系国计民生的中央大企业，但它并没有成为世界四大粮商那样可以稳定粮食价格和占据农业领域战略位置的中流砥柱，反而逐渐扩张成为包括房地产、酒店、金融在内的非相关多元化的综合性企业集团。而政策性业务——国际贸易，已经萎缩成业务量极小的进出口"代理"。

周明臣说，中粮的国际贸易有些时候其实是受总理用"红机子"直接调遣的。1994年，粮食连续三年歉收，物价上涨，中央要求中粮在一年内进口1800万吨小麦，必须当年12月31日前到岸。那个时候只要有一个星期不打电话、不汇报，时任国务院副总理的朱镕基就会发脾气，还经常点名批评签了军令状的周明臣。

"倒不是因为小麦不容易进口，而是因为如果把这个消息透露出去，国际价格马上会涨起来，所以必须秘密买入，同时还要悄悄做期货。比如1月份时，我们4月份的期货都买了。要不然价格就会像芝麻开花节节高。"

"国家要你付出的时候，二话不能说，亏本也得干。"周明臣说。不过，这也是中粮左右为难的事。作为企业要对股东利益负责，又要对国家利益负责，二者发生矛盾的时候怎么办呢？这也是中粮集团中最为敏感而神秘的"中粮贸易"业务无法单独上市、中粮集团无法整体上市的原因所在。

其实只要我们打开国有大型企业的职能表述，都可以看到"对立统一"的两种功能：一种是担负国家宏观调控的职能；另一种是国有资产保值增值。对应地，在政策上因承担国家职能而常常获得优惠，又因为是企业而必须自主经营、自负盈亏。

再看国资委对于大型企业领导人的考核，则更加"市场化"，完全是财务指标。这与资本对管理层的考核并无二致。

这种进退维谷的体制结构，可以使负责任的领导者感到左右为难、前后掣肘，也可以使不负责任的领导者政策好处拿干吃尽、政策责任推诿干净。在棉花一章，笔者曾提到"中储棉事件"，最后的结果就是，雷香菊说进口棉花的亏损应该由国家承担，因为国家没有给中储棉定经营指标，这批棉花是按国家储备棉进口的，而且经过了发改委的批准。发改委则反驳说，中储棉的进口完全是按商品棉进口的，作为政府部门不能干涉企业的正常经营行为，中储棉应该为自己的经营亏损买单。

笔者认为，应该对国有企业进行二次改革，改变国有产权私有化的思路，同时，关系国计民生的国企保留，其余都改制的做法也要不得。其实，可以将现有国有企业分为两类：一类是政策性国企，由财政拨款，考核指标以调控执行效果的战略性目标为准，不需要赢利；其余的国企全部民营化，民营化并非私有化，也可以是国有民营，重要的是完全放入市场，不再享受任何优惠，平等竞争。

第六章
The sixth chapter

到中国种地去！

恰帕斯起义
在莱阳种地的日本人
立松国彦的梦想
日本农业殖民史
世界海外屯田浪潮
走出去一定要双赢

相信您看了上一章之后会更加不安，为什么？因为外资离你并不遥远，甚至就在你身边，以你感觉不错的价格向你收购农产品呢。相信你看了这一章，你的不安还会加剧。外资对你的生活的渗透远远超出你的想象力。我想，本书的读者朋友会以城里人居多，可能感觉不到土地对于农民，也就是乡下人的重要性，或者说对于这种重要性没有感性认知。前一段有一个电视连续剧《我叫王土地》，反映了河套地区两代人争夺土地的故事。对于那个时代那里的人们而言，拥有土地等于拥有地位、权力，失去土地就等于丢掉了性命。

从全球范围来看，随着城市化进程的加快，以及人口的增长、工业化的发展，农田正以惊人的速度减少。据统计，全球每年消失的农田约2000万公顷。耕地作为一种不可再生的稀缺资源，正在威胁着粮食难以自给的国家和地区。新一轮海外屯田在粮价高涨中悄然拉开了序幕。毫无疑问，它带来的将是一场不带血腥的土地争夺战。

恰帕斯起义

恰帕斯州位于墨西哥南部边境，偏僻、落后，一直以来都默默无闻。

但是，1994年该地名声大振。1月1日，恰帕斯爆发了一起大规模印第安农民起义，5000多名印第安农民，蒙着面纱，有组织、有纪律地迅速占领并控制了恰帕斯的7个重要城镇。之后，农民们正式向当时的政府宣战。起义的规模和冲突的激烈达到了空前的程度。而就在同一天，美国、加拿大和墨西哥签署的北美自由贸易协定开始正式生效。

在恰帕斯，农民起义不是什么新鲜事。早在1712年和1867年，恰帕斯就发生过两次大规模印第安农民起义，原因是白人为了扩大种植园规模侵占了印第安人的土地。没有了土地的印第安人被迫成为种植园的劳工。此外，位于恰帕斯东部的拉坎顿丛林由于人口稀少、面积广大，也成为其他国家移民的主要目的地。随着土地减少，外来移民与当地农民之间的冲突不断。随着经济发展，墨西哥土地投机蔚然成风，不仅是白人，就连我国赫赫有名的康有为，都在戊戌变法失败后跑到墨西哥经营起地产来，大赚了一笔。不过，墨西哥的农民不堪忍受剥削，掀起了1910—1917年墨西哥大革命。

革命终于让墨西哥政府认识到了土地对于农民的重要性，于是进行了土改，把本国的土地共有、集体经营，这得到了农民的支持。此后墨西哥的经济获得了长足发展。但到了20世纪末，新自由主义抬头，并主导了墨西哥政府的改革，在土地私有化过程中，鼓励外资投资土地。新的土地法允许农民出售土地，也允许私人公司购买土地。

公司购买了土地后，建立了大规模农场，有效地提高了土地的产出率，以前的小农经济自然无法相提并论。但这直接加剧了贫富两极分化，大批农民失去了生存的基本条件，增加了社会的不稳定因素。这就是1994年恰帕斯农民起义的起因。

这次起义，对于墨西哥的政局产生了重大影响，并导致了2000年墨西哥总统大选时，已经上台71年的执政党下野，在野党候选人当选。

墨西哥农民争夺土地的斗争，也是世界农民争夺土地资源的一个缩影。对于土地的重要性，美国著名政治学家塞缪尔·P.亨廷顿曾表示：土地是生产的基本要素，土地改革不仅仅意味着农民经济福利的增加，它还涉及一场根本性的权力和地位的再分配。

对土地的争夺，从来没有停止。不管是过去还是现在，或是未来。

在莱阳种地的日本人

2011年8月，山东莱阳。走进沐浴店镇，就可以看到遍布的玉米地，田里的玉米已经长到了约1米高，一棵棵玉米迎风站立，上面挂着又大又粗的玉米棒子，绿得发亮的叶子显得精神抖擞。玉米站立的土地上，干干净净，几乎没有一棵杂草，不禁让人感叹庄稼人的用心。

在一处山坡地上，高高的铁丝围栏把田地隔开了，上面还装有先进的摄像头，看起来不像是一般的农户。再看看围栏内种植的玉米，和外面比起来，也完全是另一番模样。玉米的高度不足半米，叶子则是黄绿色，这样的庄稼一看就知道是缺少肥料，很难长出个大粒满的玉米，更让人惊异的是，田间长满了杂草，高的甚至赶上了玉米。要是不知内情的人看到，肯定会觉得这块田地是由完全不懂种田的人料理的。

事实上，这是日本朝日绿源农业高新技术有限公司种植的。由于不打农药、不施化肥，甚至不浇水，玉米很难长好，收成自然也很差，还不及当地玉米的一半。

朝日绿源是一个合资公司，出资方分别为日本朝日啤酒、住友化学和伊藤忠商事。这三家公司都是响当当的世界500强企业，不过，进入农业领域却是第一次，而种地更是头一回。与其他农场相比，朝日绿源有着难以比拟的优势。三家企业分工明确，朝日啤酒株式会社负责农业技术引进和日常管理；住友化学株式会社供应农资和农药等产品；伊藤忠商事是日本最大的流通企业之一，提供流通渠道方面的便利。

朝日绿源来到山东莱阳，是在2006年。在这里租下了1500亩耕地，租期为20年。租地的方式为：当地的农民把自己的耕地流转给村子成立的土地合作社，而与日方签订租赁合同的则是莱阳市政府和沐浴店镇政府。根据合同，第一个5年，日方租地的租金为800元/亩，以后每5年增加200元/亩。

令人"感动"的是，朝日绿源将该项目定位为支援山东以及中国的农业改革，致力于发展山东以及中国的农业。

在这片土地上，日本人开始种植玉米、草莓、生菜等农作物，而且还养了奶牛。朝日绿源种植的全是世界上最新的品种。如种植的甜玉米是从日本引进的，其他如小西红柿、生菜等十几种蔬菜也是如此；养殖的1000多头奶牛是从澳大利亚、新西兰购买的。

除了自己种植农作物外，朝日绿源还向当地的农民买玉米，因为，养殖的奶牛需要玉米做饲料，按照目前养殖的奶牛来看，每年需要的玉米约2万吨。

朝日绿源的牛奶和草莓等产品走的是高端路线，目标定位是中国的高消费人群。牛奶的价格达到了18元/升，草莓140元/千克，主要销往上海、青岛等大城市。

根据公开数字显示，在中国出得起并愿意出高价买农产品的人，大约占总人口的5%左右，也就是说是一个五六千万人的市场。与13亿人口相比，这个市场确实小了点。不过，朝日绿源明白，从这个市场获得的利润却将远远超过13亿人口的低级市场。2007年三聚氰胺事件之后，国人更加注重食品安全，外资品牌牛奶的销量也呈直线上升，朝日绿源生产的牛奶虽然贵得让普通人难以接受，但近两年其销量却以每月20%的速度增长。这样的增长速度，就连朝日绿源自己都没有想到。

据报道,朝日啤酒最高咨询主席濑户雄三曾表示,如果莱阳项目获得成功,他们准备再复制三十个左右这样的项目。

打算归打算,至少从目前来看,朝日绿源种地一直处于亏损状态,每年不得不再掏出约200万美元弥补亏损。奇怪的是,2011年年初,朝日绿源制定了一个新的计划,准备把在莱阳的基地扩展至3000亩。此举着实让人感到不可思议。朝日绿源却很自信,认为自己这种种植模式,在中国一定会大有可为。

立松国彦的梦想

其实,日本人到中国种地已经不是什么新鲜事了。早在2008年10月12日,十七届三中全会通过《中共中央关于推进农村改革发展若干重大问题的决定》(以下简称《决定》)之后的一个多月,50多岁的日本人立松国彦就从他的家乡——日本的爱知县来到了中国河南信阳市新县浒湾乡游围孜村。这个日本人的嗅觉是灵敏的,因为按照《决定》,农民可以根据依法自愿有偿的原则,以转包、出租、互换、转让、股份合作等形式流转土地承包经营权,发展多种形式的适度规模经营。

将立松国彦引进新县的,是在日本立松国彦的农场里打工的新县人虞春霞。立松国彦从虞春霞的口中得知,这个县的年轻人都出去打工了,土地撂荒严重。本可以一年两熟的耕地,很多村民只种一季稻谷。村里想过很多办法制止撂荒,效果不明显。立松国彦问起土地撂荒的原因,才知道中国种地是不挣钱的:每亩地收获1000多斤稻谷,除去人力、农药、化肥等开支,每亩地每年只能剩200多元。而把地包出去随便到哪里打工,除了拿到承包费,每月能轻松挣到1000多元,这种好事谁不干呢？而像虞春霞这样到日本、韩国打工的，每个月可以挣到五六千块钱呢。虞春霞告诉立松国彦，像她这样情况的，在新县有上万人，每年给新县带回来的劳务收入高达6000多万。

新县人对日本人的到来十分欢迎，他们高兴地说："我们出去打工，日本人来给我们种地。"至于承包地是否可以租给外国人，村里的一位组长干脆地说道："租给谁都行！只要给钱！"很快，立松国彦就有了200多亩地，占游围孜村耕地面积的1/3。立松国彦随行就市地聘用了三名技术员，农忙时另外聘请几名当地的老人，实行8小时工作制，每人每天工资30元左右。

立松国彦专门从日本农场里运过来9台大中小型农机具，包括插秧机、拖拉机、卡车、小车、三轮车等。一台新挖掘机要40多万，即使旧的也价值不菲。他拉这么多农具来，目的是想扩大种植规模，他向浒湾乡政府提出再流转1000亩地，但是被很遗憾地告知，新县地处大别山区，很少有整片的土地了。尽管200亩地很难产生什么效益，但是立松国彦决定不计回报，先投入再说。

其实，立松心里自然有他的打算，他可不像周围的农民嘲笑的那样"傻种地，种傻地"。除了拿出几十亩地种蔬菜之外，剩余的他全部种了水稻，一开始种的是中国杂交水稻，但他的目的是把日本的稻谷品种引进种植。他认为，日本水稻的产量虽然很低，每亩不超过300千克，但是口感好，经过市场调研，在上海的超市里可以卖到50元/千克。

当然，每个国家对生物品种的引进的把关都比较严格，中国也不例外。虞春霞替立松国彦办理进口旧农具的进口手续，知道手续十分严格，她觉得立松国彦的梦想很难实现。而立松国彦自己似乎没有那么悲观。

他经常收看中央电视台的《新闻联播》，关注农业政策的变化，还托人打听是否可以享受国民待遇，中国政府能否给予他这个为中国人种地的日本人以农业补贴的问题。根据一份非政府组织的报告，日本在巴西、非洲和中亚租用和购买了大量农田种植有机作物,日本拥有的海外农田是国内农田的三倍。

"不过到中国投资农业的日本人倒不多。"立松国彦认为这是一个机会,他希望通过自己的先锋带头作用,引导更多的日本人来中国种地。

日本农业殖民史

不免有人会问,又是世界500强企业的,又是日本的农场主的,他们放着好好的买卖不做,为什么赔本到中国种粮呢?其实,到海外种粮对于日本来说有着"悠久的历史"。

日本作为一个岛国,地少人多、资源缺乏,因此,自古以来,吃饭问题都是一个严重的社会问题。即使到了现在,80%的日本人对未来粮食能否充足供应都十分担心。

目前,日本的每户农民占有的平均土地面积约为30亩。如果单单看这个数字,人们会认为还不错,但是和其他国家比较一下,就知道日本的土地资源是多么的缺乏了——日本的人均占有土地面积,是美国农民的1/90,是澳大利亚农民的1/1500。

此外,随着人口增加、农民种粮积极性的降低,日本的粮食自给率已经严重下降,从20世纪60年代的79%骤减到现在的39%。因此,日本的粮食不得不靠海外供应。按照日本官方的统计,在日本海外供应的60%多的粮食里,中国的供应量达18.3%,美国为22.2%。

为此,日本早就开始了海外土地开发的步伐,人们把日本的行动称为"农业殖民"。为了给日本的低收入农民找条活路,19世纪末,日本就与当时的墨西哥政府协商,并签订了协议,让本国的农民移民到墨西哥从事农业生产，这就是日本最早的"农业殖民"。到了1899年，日本又出现了新的殖民形式，以公司的名义向秘鲁派出农场工人。1908年，日本将这种形式扩展到巴西，到了20世纪二三十年代，日本又开始与哥伦比亚和巴拉圭展开农业方面的合作。

20世纪30年代，日本人侵占了中国的东北，就是看上了那里的土地、粮食以及农产品。日本曾多次秘密派专家到东北，这些专家的主要工作就是勘测那里的土壤，并进行化验。

1931年，九·一八事变后，在呼啸的北风中，佳木斯市民发现了一群人在进行武装游行，这是被称为"佳木斯屯垦第一大队"的日本开拓民团，也就是日本来到中国的移民。此后，日本开始了向中国的大规模武装移民。1932—1936年，仅仅四年间，日本进入中国东北的这种团体达9个，约3000人。此外，还有约900自由移民进入了东北和内蒙古地区。

1936年，日本制定了《满洲开拓移民推进计划》，把移民上升为日本的国策，计划1936—1956年输送500万移民到中国，并建100万户房屋。当年，日本就向中国输送了2万移民，这批移民以家庭为单位在中国落户。到战争结束时，从日本迁移到中国东北和内蒙古地区的移民开拓团民大约有34万人。

在日本关东军的支持下，这些移民在吉林、黑龙江等中国的粮食主要产区无偿占有了大批优质耕地。据日方的资料记载，当时日本抢占中国的土地达2000多万亩。此外，日本人还借助伪满洲国政府推行战时粮食征用等措施，用比市场低10来倍的价格购买当地的粮食及农产品。

日本人在中国种植和购买的粮食，首先为侵华日军提供军粮，多余的则运回本国。由于当时粮食是重要的战略物资，日本政府对此高度重视。根据伪满洲国国务院档案的资料，日本每年占有东北的粮食达1000多万吨，1932—1945年，掠夺了东北粮食总产量的一半以上，约1.3亿吨。

这段本来已经尘封的历史，在2011年7月黑龙江省方正县建纪念碑纪念日本开拓团时，又重新回到了人们的视野。

除了中国，日本还将扩张的触角伸向东南亚，并在那里建立了农场。

有人认为，这些事都发生在过去。那么进入和平年代的日本人，又是怎么解决粮食问题的呢？是否仅仅依赖于从他国进口粮食？

2006—2008年，仅仅两年间，日本本土的农业企业就在巴西、非洲和中亚等地租用或购买了大量耕地，在这些耕地上，日本人主要种植有机农作物。2008年中，日本再出惊人举动，世界上最大的综合商社三井物产在巴西投了100亿日元巨资，参与经营那里的大型农场。三井物产投资农场的面积达10万公顷，主要种植玉米、棉花和黄豆。单在这个农场，日本种植黄豆的面积就达到了2.7万公顷，而日本本国全部的种植面积也才14万公顷。

对于三井物产的举动，有媒体评价说，涉及粮食种植的投资都非常复杂，但值得肯定的一点是，目前在国际粮食短缺、农产品价格高涨的情况下，拥有一定数量的耕地意义重大。

2011年3月，日本发生了史无前例的大地震，使本来就脆弱的农业受到了重创。相关人士预测，地震后，日本很可能向邻国转移农业。对此，中国政府部门也给予了高度重视，其中农业部、商务部等相关政府部门都先后派出调查组到山东调研。有山东的地方官员预计，不远的将来，日本必将出现大量的农业产业转移，而一旦转移到中国，朝日绿源在中国的种植模式，无疑可供日本其他企业借鉴。

世界海外屯田浪潮

其实，致力于海外屯田的，不止日本一国。

中国农业真相

  2007—2008年，全球性的粮食危机到来。2008年4月28日的英国《泰晤士报》评论说："粮食危机把大米变成了黄金。"

  在这一背景下，越来越多的国家相信，在这个贸易限制越来越多、粮食价格越涨越高的时代，仅仅依靠从其他国家进口粮食，对于一个国家的长治久安来说，无疑将面临更多的风险和不确定性，海外屯田已经成为一个国家确保粮食安全的重要战略。

  在不断涌现的屯田浪潮中，除了日本，最为积极的当属海湾国家。沙特、科威特、卡塔尔、约旦和阿联酋等国家与日本一样，一直都面临着吃饭的问题，传统的解决方法是进口粮食，但是，粮食危机让这些国家也改变了之前的想法和做法。它们组成了专门的海湾国家合作委员会，把触角分别延伸到了老挝、菲律宾、越南等东南亚国家，以及中亚、欧洲的乌克兰、哈萨克斯坦、俄罗斯和土耳其等国，当然也包括苏丹和乌干达等非洲国家，它们疯狂地租地、买地，然后种粮。

  按理像美国和澳大利亚这样土地肥沃、资源丰富的国家应该用不着干海外屯田这事了。尤其是美国，一直以来都是世界上的主要粮食出口国，也不缺耕地。如果有人这样想，就大错特错了。其实，美国和澳大利亚的公司和农民也在海外寻找耕地种粮，特别是在南美。在拉美地区，不仅土地肥沃，而且劳动力价格低廉，美国的农业企业早就开始把种植基地大量向这些地区转移了。比如，美国农民以个人的名义到墨西哥种田已经有很长的历史了，而像邦吉这样的大型美国公司，最近十年来也逐渐加大了这方面的投资力度。

  此外，中国的近邻——印度、韩国等国家也加入了海外屯田的行列，为了支持本国的企业到海外种粮，印度政府特意对相关的法律进行了修改，而韩国则公开表示，其海外屯田的数量要达到日本的水平。

走出去一定要双赢

中国是否会鼓励企业到海外屯田呢？关于这个问题，地方政府有实践，但中央部委的态度却一直比较含糊。

在民间，赴海外建立粮食资源基地逐渐成为一种共识，把中国提高单产的技术和农田水利方面的技术，与非洲、南美、东南亚以及俄罗斯等拥有广阔土地资源的国家和地区结合起来，是一种比较优势互补的模式。

在吉林，当地粮食局已经组织了一些公司南下菲律宾、北上俄罗斯开辟种植区域；农业部下属四大农垦公司正在有分工、有步骤地走出去；2007年，中海油与印尼金光集团在雅加达发表联合声明，将在巴布亚岛和加里曼丹投资种植棕榈树；2008年，中国著名的通信设备公司中兴通讯下属的中兴能源公司开始培训人员准备赴印度尼西亚种植棕榈；2010年10月，巴西80万亩的土地将开始为中国种植大豆，大豆收获之后将归属于它的"地主"——中国重庆粮食局；2012年年初，重庆粮食局又准备投资12亿美元在阿根廷打造粮食基地，一期投资9989万美元，准备从事大豆、玉米、棉花等种植业务。

其实早在2003年年初，中央农村工作会议上就传出消息，"要积极实施'走出去'战略，鼓励和支持有条件的企业到国外开发土地、林业、渔业等资源，发展农产品加工和贸易"。

2008年，英国《金融时报》称：中国农业部起草的一项提议，将把支持国内农业企业在海外收购土地列为一项国策。报道被迅速转载，"中国正逐步丧失食品自给自足的能力，原因是随着富裕程度不断提高，食谱重心从大米等转向肉类，而生产肉类需要大量地进口饲料"的说法被广泛引用。不过，农业部很快出来"辟谣"，表示海外屯田"不是农业部一个部门的事情"。

之后，国家发改委副主任张晓强出面澄清道：中国没有海外屯田计划。他说，国内一些私人公司打算在一些外国农场投资，但是人们对于这样做是否符合国家战略利益存有争议，因此目前这种意向还没有成为政府的公开政策。不过他又表示，国家支持有条件的企业去不同国家、地区开展农业种植和生产。张晓强所说的"争议"是指国际上存在的反对声音，比如在2009年召开的八国集团农业部长峰会上，国际农业生产者联合会的副主席高芬就批评说，富国的"海外屯田"将演变成第二代殖民主义，即"掠夺资源，让穷国更穷"。

不过，中国应当不在高芬所说的"富国"之中，以和为贵的中国文化很适宜与这些土地资源丰富的国家形成双赢的局面。首先，不要试图控制当地的土地，或是派遣本国劳动者去耕种。因为以土地为生的当地居民更了解他们的土地，可以和他们签订收购合同，同时为他们提供种子、肥料、农药和种植技术；其次投入一定的资金修建道路和港口，并提供生产信贷资金。总之如果能像对待中国农民那样，海外屯田未必不是一条增强中国粮食安全的蹊径。

2012年2月2日，中央农村工作领导小组副组长陈锡文在国新办举行的发布会上表示的态度，被认为是代表了官方最新的态度。他强调，在中国农业"走出去"的战略实施过程中，重要的是争取双赢和多赢的格局。他认为，可以到一些粮油的出口国家去设立农产品的初级加工厂，帮助当地扩大就业，也把一部分企业的利润和税收留在当地。还可以采取技术和经济的援助措施，加大对非洲地区的援助。他的另外一个重要观点是，中国在海外投资农业，产品并不一定要运回中国，"我们坚信一条，只要有粮食增产潜力的地方，能把这些潜力发挥出来，全球的粮油供给能力增加，对中国的粮食安全就是一个非常大的支持"。

看来，可以对未来的前景稍稍表示一下乐观了，因为政府关于农业走出去的思路已经逐渐清晰起来。

第七章
The seventh chapter

种子的故事

"南袁北李"的辉煌回忆
业绩逆转的登海种业
学不到的研发
先锋带来的革命
一克种子一克金
超越登海先锋
政策仍将收紧

美国的高额补贴拉低了世界农产品价格，并通过出口使中国的农产品价格难以维持在成本之上，农民因收益递减而减少种植，进而导致中国农产品总产量下降是必然之势，粮食安全的隐患始终没有解除。外资涉足国内粮食收购，与粮食储备交手过招，使局面变得扑朔迷离。而日本人到中国种地虽然还没有大面积铺开，但"不仅进口粮食，而且租种土地"的警醒之声不断，这岂不让人愈加心烦意乱？这糟糕的消息似乎正汇集成一种不好的趋势。

这个趋势的下一步会怎样呢？笔者目前还无法回答。不过，笔者认为，更重要的问题是如何应对这种趋势。

自由主义经济学者的观点自然是让市场去选择，任由农民改种别的甚至放弃种植，不是可以到城市里打工去吗？至于农产品产量下降也随它去，没有了可以买！国内粮食贸易就更无所谓了，反正肉是烂在锅里。不仅无所谓，外资竞争对于国内企业来说还是个借机"健身"的好机会呢！笔者对此的反对意见在本书前言中已经表述清楚，不再赘述。令笔者吃惊的是，农业领域内的一些专家居然也持类似观点！说观点"类似"而不是观点"相同"，是因为农业专家的理由与经济学者不一样，他们认为：由于中国人对食用油的需求、中国纺织业对棉花的需求、中国的饲料和生物燃料对玉米的需求不断增长，而中国现有的耕地要想满足这种增长是不可能的。比如，他们最有力度的说法就是：完全由国产大豆满足国内食用油的需求,需要再增加一个黑龙江省!这可能吗?

笔者认为,这不仅是可能的,而且是事实不断验证过的。扩大种植面积并非增加产量的唯一办法,事实上,有史以来,农作物不断增长的产量是来自单产量的提高。

美国玉米1886年的单产量是24.3蒲式耳/英亩,2011年单产量提高至147.2蒲式耳/英亩,125年间提高了6倍。这不相当于在单产量不变的前提下种植面积扩大了6倍吗?再比如,中国1949年的棉花单产量为10.59千克/亩,2011年的单产量提高至87.3千克/亩,62年提高了8.24倍,这不同样等于在单产不变的情况下种植面积扩大了8倍多吗?

提高单产的途径无非种子和化肥,肥料的增加对提高产量有一定限度,但种子在提高产量方面的能效确实可以体现出科学的力量。

然而十分遗憾的是,在外资的渗透之下,种业已经是险象环生了。

"南袁北李"的辉煌回忆

中国种子界原有"南袁北李"之说。"南袁"想必大家都知道,指的就是大名鼎鼎的袁隆平院士,而"北李",知道的人也许就不那么多了。论曾经的历史贡献,"北李"绝不输于"南袁",但是"北李"之式微,与其代表性的产品——"掖单""登海"号种子在市场上的日渐没落有极大的关系,而"掖单""登海"号的没落,与外资的合资有直接的因果关系。

"北李"本名叫做李登海,他只有初中文化程度,但这没有妨碍他成为一个育种天才。1972年,只有23岁的李登海就在老家创造了夏玉米亩产520千克的高产纪录。7年之后,31岁的他培育的紧凑型杂交玉米新品种——"掖单2号"问世，当年在全国首次突破了夏玉米单产750千克大关，创出了776.9千克/亩的国内夏玉米最高纪录。1989年，掖单13号玉米新品种问世，经国家专家验收组验收，亩产达到1096.29千克，首创世界夏玉米高产纪录。2005年10月，"登海超试1号"再次创造了世界夏玉米高产纪录，亩产达到1402.86千克，是全国当年平均产量（352.49千克/亩）的4倍。

2005年11月8日，在上海召开的亚太地区种子协会的第二届年会上，中国的"南袁北李"双双获奖，袁隆平获"中国杂交水稻杰出研究成果奖"，李登海获"中国玉米产业重大贡献奖"。

1990年，农业部在莱州召开全国玉米会议，提出推广紧凑型玉米1亿亩、增产粮食100亿千克的目标，掖单12号、13号都是重点推广品种。最多时，李登海的种子推广面积占全国玉米种植总面积的1/3，"掖单13号"被全国16个省（区、市）审（认）定，创下全国年种植面积近5000万亩的纪录。

通俗一点说，李登海就是那个时期不折不扣的种业老大。

1997年，李登海有了自己的公司——莱州市登海种业有限公司。2000年该公司变更为山东登海种业股份有限公司，为上市做准备，2005年公司在深圳中小板上市。

杜邦先锋找上李登海是在2001年。从先锋的角度来说，与山东登海的合作有两方面的原因：一是根据中国的种子法，外资不能独资经营种子；二是李登海在中国玉米界是登高一呼震动全国的人物，其业界影响力是独一无二的，这也是先锋需要而缺乏的。

但是世界玉米种子的老大和中国玉米种子的老大之间的谈判居然进行得十分艰苦。谈判的焦点是控股问题，杜邦先锋首先提出控股60%，李登海断然拒绝。杜邦先锋退而求其次提出各占50%股份，李登海还是没有同意。

其实，早在1996年，杜邦先锋就派人找过李登海。李登海后来在接受电视台采访时说："人家提到在中国寻找39个合作目标，把我们放在第一位。我也确实有一种自豪感。"但是正是因为控股问题，马拉松的谈判一直进行了7年半。

2002年12月，登海先锋公司成立。

其实，李登海对于合资也是有期待的。他当时提出了三个条件：一是登海必须控股；二是先锋公司必须带进先进的种质资源；三是先锋公司必须引进先进的管理技术。

第一个条件实际上不是条件，因为这是法律规定的。第三个条件其实也只是一种希望而已，因为合资公司的运作是与登海种业分离的，先锋公司"先进的管理技术"究竟能否移植到登海种业中去也未可知。作为科学家，第二条才是李登海最倾心的。

合资公司注册资本为668万美元，中方出资340.68万美元，占51%，外方出资200万美元，占49%。合资公司以生产和销售玉米杂交种子为主。

读者朋友也许要问了，总股本金668万美元，占49%的杜邦先锋应该实际出资327.32万美元啊，怎么出资200万美元呢？这一点笔者不得而知。不过即使如此，这个持股比例仍然打破了杜邦先锋的惯例。在杜邦先锋内部有一个不成文的合作原则，即在世界上任何一个地区的合作必须为独资或控股，与登海种业的这次合资仅占49%的股权，这在其历史上还从来没有发生过。

不过，杜邦先锋的让步，自然有着深层次的原因。

业绩逆转的登海种业

2005年的4月18日，李登海的山东登海种业股份公司上市了。这一年，登海种业的答卷还是不错的：主营收入4.14亿元，同比增长39.39%，营业利润1.9亿元，同比增长23.37%。但是没想到第二年就令股民们大失所望：主营收入跌至2.83亿元，同比下降31.48%，营业利润降至1.04亿元，同比下降45.36%。

登海种业在年报中总结业绩下降的主观、客观原因：一、全国种子供应量多于需求量两倍多，大批的小公司低价倾销非受保护的品种，冲击了登海种业的销售；二、登海公司的品种没有进入地方政府直补范围，影响了销售；三、管理体制存在较大缺陷，对市场反应慢；四、公司营销能力低下。

其实，第一个客观原因是没有说服力的，因为2005年的年报里，登海种业同样说道："全国玉米市场连续第三年供大于求，全行业处于低谷时期。"

按照刘石的说法，登海系列种子受到的冲击主要来自"郑单958"。

"郑单958"是玉米种子市场上的一匹黑马，由河南省农科院作物研究所的堵纯信教授培育成功，和登海系列种子同样是紧凑型玉米。也许正如刘石所言，再好的种子都有两个"天敌"，一个是病虫害，一个是更强的种子。对于曾经辉煌过的登海号种子来说，"郑单958"就是那个"更强的种子"。

2001年，"郑单958"的种植面积只有339万亩，第二年就扩大了4倍多，达到1324万亩，2003年继续增加61.3%至2135万亩，2004年再翻一倍多达4300万亩，2005年为5400万亩，2006年至5895万亩，2007年、2008年连续两年更是超过了6000万亩，占全国当年玉米播种面积的接近30%，全国累计推广面积接近5亿亩。其声势直追当年的登海系列。

当此颓势之际，登海种业作为一家上市公司来说，恐怕还得感谢他控股的登海先锋公司。登海先锋强悍的冲击力，一步步把登海种业从业绩的泥潭里拉上岸来。

2003年是登海先锋的制种年，因此这一年登海先锋没有业绩体现。2004年开始销售，营收为800万元。2005年营业收入升至3071万元，净利润也达到了299.3万元。2006年，登海先锋的营收达到1.1亿元，接近登海种业营收的一半，净利润3197万元，而登海种业的净利润只有608万元。

实际上，2004年、2005年登海先锋的收入基本来自销售登海号系列种子，而2006年业绩的暴涨，则是因为从这一年起，登海先锋的利器"先玉335"闪亮登场，开始与"郑单958"一决高下。"先玉335"的赢利优势是明显的：登海种业销售登海号种子营收2.83亿元，净利润只有608万元，净利润率仅2.15%，而同期登海先锋销售"先玉335"营收1.1亿元，净利润则高达3197万元，净利润率为29.1%。

2.15%与29.1%的差距，就是两粒种子生命力的差距。

在利润猛增的时候，"先玉335"的播种面积也大幅攀升。2006年，"先玉335"的播种面积为26万亩，2008年就骤升至816万亩。2009年，增加到2400多万亩。当年全国播种玉米面积4亿多亩，"先玉335"占了5%，列全国玉米种子销售量的第二位。在吉林和黑龙江南部，市场份额超过了"郑单958"。到2010年，"先玉335"在全国的播种面积达到了3000多万亩，加上相关品种，总面积接近6000万亩，约占全国总面积的13%。在吉林省，"先玉335"的种植面积占到当地玉米种植总面积的50%。

2011年，"先玉335"的种植面积超出上年1~2倍，仅次于"郑单958"。

短短几年，先锋公司就变成了中国种业市场的佼佼者。其推广速度之快、影响之大，令业内人士震惊。

学不到的研发

2007年、2008年可能是李登海最欣慰又最痛苦的两年了。欣慰的是，登海先锋的营收达到了1.48亿元，同比增长了100.44%，净利润达6973万元，增长118.11%。2008年营收增至2.35亿元，净利润增至1.2亿元。痛苦的则是，登海种业这两年的营收分别是3.14亿元和4.17亿元，净利润分别为756.96万元和260.2万元。而且，在登海种业的主营收入中，销售"先玉335"所得分别占1.35亿元和2.15亿元，其营业利润在总营业利润中所占比例更高，分别为71.19%和70.83%。说白了登海种业的业绩基本上都是靠"先玉335"在支撑。虽说手心手背都是肉，李登海身兼两家公司的董事长，但是他能高兴得起来吗？

如严格按签订合同时约定的那样，登海种业在合资公司控了股，而杜邦先锋也带进了先进的种质资源和管理技术，那么，情况可能会大为改观，但合资后李登海才慢慢地发现，中方控股只是名义上的控股，合资公司的核心技术、高层管理人员都被外资牢牢地掌控在手中。

按理，研发"先玉355"应该由合资的两家公司的研究人员共同完成。但是，令中方困惑的是，包括"先玉355"在内的研发，根本就没在合资公司进行，而是在杜邦先锋在中国设立的外商独资企业——铁岭先锋种子研究有限公司进行。该公司成立于1998年4月，在北京、辽宁铁岭、河南新乡、山东济南以及海南都设有研究站。铁岭先锋培育出新品种后，交给合资公司并收取品种使用费，制种则由登海先锋的酒泉分公司负责。合资公司只是负责销售。

我们再来看看酒泉分公司的股权结构：据有关资料显示，山东登海先锋种业有限公司酒泉分公司是由山东登海先锋种业有限公司和美国杜邦集团先锋海布雷公司于2002年12月投资成立的合资企业，其中山东登海先锋种业有限公司控股51%，美国杜邦集团先锋海布雷公司控股49%。这也就是说，负责制种的酒泉分公司的实际控制方为杜邦先锋。

虽然，销售由合资公司负责，但实际上中方的人也插不上手。实际上，登海种业就是拿点分红，其他连边都别想碰，更别谈什么拿到对方的核心科研成果了。

也许有人要说了，每年都有分红也行啊，登海还是大股东呢。其实，隐痛恐怕只有李登海知道："先玉335"成功了，"掖单""登海"却败落了。二者此消彼长，虽然一样赢利，只是核心竞争力转移到人家手中了。

先锋带来的革命

"先玉335"的崛起是以农民的认可为基础的。利益中没有爱国心。刘石曾分析说，对农民来说，很少考虑种子是哪个国家的，只要增产、增收，他们就愿意购买。

一个新品种怎么能让农民了解它的产量呢？登海先锋采取的办法很是新颖：先种"先玉335"试验田，然后为种了试验田的农民提供免费脱粒服务，即召开脱粒现场会。玉米收获之后，登海先锋的人员就带着脱粒机来了，请村长召集村民们参观脱粒现场会，并设立猜产量中大奖的游戏环节，不仅活跃了现场气氛，更重要的是加深了农民对于"先玉335"高产的印象。

那么，"先玉335"为什么能获得高产呢？

首先是发芽率高。发芽率，中国的国家标准是大于且等于85%，简单说，就是种下100粒种子，有85个能发出芽来，就算是达到国家标准了。

而"先玉335"的出芽率是多少呢？95%！刘石说，如果让普通人来看，仅仅10%的发芽率的差距，也许算不了什么，但对于农民来说，这却意味着3倍的差距。如果播下100粒"先玉355"，最多只有5粒不发芽，而国产种子不发芽的可能有15粒。

从实践情况看，农民在播种的时候，用"先玉355"一穴只播1粒就够了，而国产种子至少要一穴播种3粒。因此长期以来，中国农民采用的都是一次播种三粒的播种机。刘石想，用三粒播种机播种"先玉335"既是一种浪费又难以显示出"先玉335"的比较优势，必须采用单粒播种机！但是，市场上根本没有单粒播种机。为了让农民相信并接受单粒播种模式，刘石专门找到一家播种机制造商，通过不断试用改进，成功制造出了单粒播种机。这种机器售价3200元左右，登海先锋打出广告，凡是购买单粒播种机的农民，登海先锋每台补贴1000元，加上厂家让利500元，只需要1700元。这一招利益诱惑甚为管用，单粒播种机迅速大卖起来。看似登海先锋做了亏本买卖，但是这样一来，购买了单粒播种机的农民只能购买"先玉335"了，等于锁定了用户。为什么？因为只有"先玉335"可以做到一穴一粒，使用单粒播种机播种别的种子，会面临发芽率、出苗率降低，大量减产的危险。这是农民最不愿意看到的。

更新颖的是，登海先锋还帮助农民卖粮。在平时，登海先锋的工作人员就积极与玉米产区、销区的粮库，以及玉米加工厂、饲料厂等收购粮食的企业保持联系，并向其推销农民种植的"先玉355"玉米。登海先锋还与一些饲料厂、淀粉厂联合做实验，让他们的客户看到，禽畜吃了"先玉355"玉米做成的饲料后长膘快、产蛋率高，这样他们就会向饲料厂要求购买"先玉355"生产的饲料。帮农民卖粮，成了登海先锋的"副业"。

刘石认为，帮农民卖粮，表面看起来是"副业"，但却是非常重要的环节，因为，玉米销路好，农民就会继续买这个企业生产的种子。

一克种子一克金

杜邦先锋的前身,是先锋良种国际有限公司,创立于1926年,1999年被美国杜邦公司收购,形成了现在的杜邦先锋。目前,杜邦先锋已经发展为世界上最大的玉米种业公司,在世界玉米种子市场占有率达20%以上,在美国玉米种子市场占有率约为40%。

与许多跨国公司一样,早在20世纪80年代,杜邦先锋就已经进入中国。由于对中国的政策、法律和市场均不熟悉,经历了较长时间的"蛰伏期"。其进入中国的第一站选择的是北京,在中国农业大学设立了先锋良种海外公司联络处,并聘用技术人员开展了品种实验,试图把美国种子打造成完全"本土化"的中国种子。

经过十几年的深入调查与研究后,1998年,杜邦先锋在中国设立了第一个玉米种子研发中心,在北京设立了办事处,并开始布局全国种业市场。据刘石回忆,2001年自己到杜邦先锋中国办事处任职时,只有3个研发人员、1个财务、1个行政兼前台,共5个人。

虽然进入中国已经十几年,但杜邦先锋没有急着赚钱。刘石说:"我们在中国有长期的打算,五年内不用赚任何钱,把基础打好,让产品、技术获得中国老百姓的认可。"

2002年,杜邦先锋在中国拿到4个玉米品种的推广许可证,由此开始着手全国布局。第一步就是选择了与登海种业合资。2003年,在辽宁设立铁岭先锋育种站,并成立合资育种公司——铁岭先锋种子研究有限公司。2006年,杜邦先锋又与甘肃敦煌种业股份有限公司成立了敦煌种业先锋海外有限公司,其中,中方控股51%,外方为49%。敦煌先锋主要负责东北三省、内蒙古、河北、新疆等地区的春玉米带;而登海先锋主要负责黄淮海地区的夏玉米带。

业内人士分析,为完成在中国玉米种业的科研、生产和市场营销的布局,下一步杜邦先锋很可能会选择与辽宁东亚种业或川农高科种业合作,以完全对东北地区的覆盖,并进军西南地区。

杜邦先锋进军中国玉米种子市场,只是外资进军中国种业的一个缩影。其实,自2000年起,即中国颁布《种子法》,首先对外开放蔬菜、花卉种子市场后,外资就以此为突破口,大举进军中国种子市场。

1998年,位居全球种业第三位的先正达就将其最新的蔬菜育种成果输送到了中国;孟山都在1996年将转基因抗虫棉引入中国,并于2001年涉足中国玉米种子市场。

因具有产量、抗病等方面优势,外资研发的种子受到中国农民的青睐。目前,在中国注册的外资种子企业已达70多家,以杜邦先锋、孟山都、先正达、利马格兰四大跨国种业巨头为首的外资,已逐渐在中国的棉花、蔬菜、玉米等领域拥有越来越多的种植面积。

在市场上获得垄断地位后,外资开始大幅提高种子价格,一些农民被迫接受"一克种子一克金"的天价。例如番茄种子,某以色列品牌的价格达2.1万元/千克左右,而国产品牌仅1100元/千克左右;甜椒种子,外资生产1粒种子的成本不到1分钱,但在中国市场的价格却卖到了1元钱/粒,价格高于黄金。

超越登海先锋

2009年是登海种业的奋起直追年,公司里响起了一个向下属公司学习的口号——"学习登海先锋先进经验,落实科学发展观,寻求新的突破"。围绕着这个主题,登海种业进行了一系列改革。刘石曾经说过,登海早期缺乏自己的制种基地，仅是授权其他企业制种，必然会阻碍其发展。为了和销售接轨，登海种业在宁夏惠农加工中心新建了一条1000吨/批次的穗烘干生产加工流水线，以满足公司制种基地对果穗烘干和按粒包装的要求。销售管理方面，将销售中心转移至北京，并且强化了以经销商为销售渠道的销售网络，初步实现了由论斤卖向按粒卖的转变。

这论斤卖转向按粒卖，的确是从登海先锋学来的。此前，登海种业的销售也是像"郑单958"一样打价格战以追求销售规模，极大地丧失了利润。"郑单958"的产权虽然属于河南农科院，但是没有企业作为载体，只好向全国招标出售经营权，最后，北京德农种业、秋乐、金博士、金娃娃等四家企业分别获得经营权。四家企业为了扩大销售，低价竞争，结果不仅无利可图，市场也未打开，只好握手言和，联手展开销售，价格才开始回升，销售量也逐步提高。但是尽管如此，每千克9元的价格，与"先玉335"26元/千克的价格仍然相差甚远。登海先锋过去在销售上完全是德农风格，利润率极低。

育种出身的李登海这一次在育种方面下的工夫是不容忽视的。科研项目立项新增了9项，其中有"紧凑耐密型高产玉米新品种配套技术试验示范""高产优质多抗玉米新品种培育"等5项主承担项目，参与承担项目4项（含国家转基因重大专项课题3项）；4个玉米新品种通过审定，其中"登海661"通过山东省审定，"登海662"通过国家、山东省及河南省审定，"登海701"通过山东省及河南省审定，"登海3769"通过国家审定。这一系列新种子排山倒海般涌向市场，标志着登海种业进入了超级玉米的新时代。根据登海种业年报显示，2009年超级玉米新品种实现销售收入2.02亿元，占当年主营收入（5.79亿元）的34.89%，销售利润1.08亿元，占营业利润（1.89亿元）的57.14%。登海种业迎来了高利润率时代。

2010年、2011年的登海种业表现依然不俗。主营收入分别为9.38亿元和11.53亿元；净利润分别为3.85亿元和4.13亿元。同期登海先锋的主营收入分别为6.6亿元和8.15亿元；净利润分别为3.49亿元和3.52亿元。

2011年，登海种业主营收入的增长率与登海先锋基本持平，而净利润率则超过登海先锋6.46个百分点。这是自2006年以来的头一次。想必李登海这个倔强的农民会找地儿偷着乐吧！

政策仍将收紧

显然，中国的政府部门已经认识到了中国种业问题的严重性，因此，对外资的政策正在收紧。

农业部《现代农作物种业发展规划（2011—2020）》已上报国务院。根据该发展规划，之前部分合资企业由外资独自掌控研发中心的局面即将终结，改为由合资企业双方"共同管理"。

2011年5月9日，中国种业第三次"最高规格"会议在湖南长沙召开。许多业内人士认为，这是新中国建国以来种子产业从未有过的、最重要的会议。除了中共中央政治局委员、国务院副总理回良玉参加外，农业部、发改委、科技部、财政部、国土资源部等15个国家部委均有代表参加会议。会议的重要议题之一是贯彻落实国务院在4月18日发布的《关于加快推进现代农作物种业发展的意见》。

该《意见》首次明确了种业的国家战略地位，提出将大幅提高市场准入门槛，推动企业兼并重组，培养具有核心竞争力和国际竞争力的"育繁推一体化"的种子企业。

农业部修订的《农作物种子生产经营许可证管理办法》自2011年9月25日起施行，该《办法》提高了种企的准入门槛，将注册资本从500万元提高到3000万元，晒场、仓库等固定资产不少于1000万元；育繁推一体化种企注册资本从3000万元提高到1亿元，固定资产不少于5000万元。

中国政府政策的意图是，让企业形成一个完整的产业链，并最终形成具有竞争力的国内大型企业，这样的意图是好的，但结果能否像计划的那样却是个未知数。

在国内，种子产业链条严重割裂，科研单位只搞科研，不参与生产和销售；而很多企业只是生产、销售，不考虑其他环节。这就形成了目前的局面，几乎99%的种子企业都没有品种研发能力；与美国等发达国家相比，品种选育水平至少落后20年。

此外，中国有证的种子企业达8700多家，但没有一家的市场份额能达到全国市场总量的5%，前20强的销售额加起来都赶不上孟山都。从品种看，水稻种子产业的集中度相对高一些，但行业前三强——隆平高科、亚华种业和丰乐种业加起来也不超过25%，小麦则极低。

面对现状，袁隆平院士曾倡议，为做强做大中国种业，应集纳全省全国资源，把长沙打造为中国种业之都。

袁院士的期望代表了中国老一辈科学家种业报国的理想，而刚从隆平高科离职的刘石对于未来的看法同样引人注目。他认为，作为现代种业企业，要从种子生产供应商，转变为农业生产综合服务提供商。业内人士认为，"先玉335"的成功，种子只占40%，而刘石的管理则占了60%。

正如笔者在前文中所述，李登海已经清醒地认识到发展属于自己种子品种的重要性，并试图消解对外资品种的依赖。目前，登海种业已研发出超级玉米品种并通过国家审批。新品种吸收了现有市场上品种的优点，李登海希望，能够借此夺回被"先玉335"夺走的市场。笔者认为，李登海在合资中学到的最可贵的一点就是自主独立的精神，正是靠着这种精神，登海获得了超级种子，也正是靠着这种精神，登海真正学到了先进的管理。

第八章
The eighth chapter

转基因内幕

自杀的印度种棉农民

小白鼠实验的未解之谜

错误由政府承担，孟山都无罪

孟山都小史

进军中国路线图

虚掩的大门

《粮食法》彰显"中国态度"

谈种子就不能不提孟山都。不过，与杜邦先锋和利马格兰等种子企业不同，在许多人的眼中，孟山都已经和"转基因"画上了等号。关于转基因，读者朋友一定有许多关心的问题，笔者以设问自答的方式开列如下。

问：什么是转基因？

答：就是把一个物种上的基因转移到另一个物种身上，改变它的遗传特性，使其更符合人们的需要。

问：能不能举个例子？

答：比如人们把狼的基因转移到狗身上，可以使狗增强灵敏度、耐力、爆发力，以便训练成警犬；也可以把狗的基因转移到狼身上，使狼拥有狗的忠诚。

问：那么转基因到底对人体有害没有呢？

答，转基因植物会分泌出一种毒素，这种毒素对人体是否有害，目前不得而知。科学家说，需要几代人的实验才可以证明。而笔者所知道的目前唯一一例活体实验仍存在争议。

问：那么为什么油脂厂都买转基因大豆呢？

答：因为便宜。便宜的原因是美国政府给美国农民很多补贴，使他们低价倾销给中国而不赔钱。这实际上是比谁更有钱，结果不言而喻。

这个问题笔者已经在第二章第四节有过说明。

  问：这么说转基因没有一点好处吗？那美国人培育转基因干什么呢？

  答：转基因植物的好处是可以杀死虫子，节省农药。

  问：还有别的吗？

  答：美国人可以用转基因种子控制世界。

其实，读者朋友每天吃的食用油中，有许多品牌都是以从美国进口的转基因大豆为原料制成的。读者朋友每天吃的各种肉类、禽类甚至鱼类，都是吃饲料长大的，饲料中就有不可或缺的豆粕。当然，2010年开始，每年超过150万吨美国转基因玉米进入中国之后，是否被加入到了这些饲料当中也是未可知的事。但总之，当读者朋友感觉离转基因很遥远的时候，你恰恰在每天食用着转基因食品。

读者朋友可能更不知道的是，这一切都与孟山都有关。

孟山都是个神秘的企业，2008年我在组织一篇《孟山都阴谋》的报道时，还找不到它的网站。当时，如果不是遇到了美国作家F.威廉·恩道尔（F.William Engdahl）和他的新作《毁灭的种子：基因操纵的幕后动机》（*Seeds of Destruction*：*The Hidden Agenda of GMO*）中译本，那篇报道可能会因资料不足而流产。

自杀的印度种棉农民

达尔维今年只有23岁，年轻漂亮，但是现在她目光呆滞、面色苍白，显得疲惫不堪。因为，如此年轻的她已经成了寡妇。不久前，她的丈夫选择了自杀，给达尔维留下的是一座破土屋，还有两个孩子，一个两岁，一个刚刚六个月。

她的丈夫也很年轻，离世时也才只有28岁。

2006年，达尔维家开始种植孟山都的一种转基因棉花——保铃棉（Bollgard）。孟山都在广告中宣称，转基因棉花能完全抵抗害虫的侵袭，并获得更高的利润，但这种棉花种子的价格是传统种子的5倍。看到神奇种子的种植前景，达尔维家扩大了种植面积，一共种了100亩。

由于没钱买种子，达尔维的丈夫借了高利贷。但在种植后，他们发现还要购买专门的肥料，更要提供很好的灌溉。这让原本就贫困的达尔维一家力不从心，而缺少了这些"辅助措施"，神奇的种子得到的结果就是低产。

一年算下来，达尔维家非但没赚钱，还欠了大约1000美元的债。因债务缠身，无法自拔，达尔维的丈夫选择了结束自己的生命。而借给达尔维家高利贷的人，就是孟山都种子的经销商。

达尔维家的境遇绝对不是特例，其所在地区的棉农几乎都背着债务。而借给他们高利贷的人，绝大多数都是孟山都的种子经销商。

其实，转基因棉花更适合大农场主种植而不是小户农民，因为他们拥有土质好的土地，而且也能够根据需求排水灌溉。而印度70%都是分散种植的普通农民。公开数字显示，从1997年至今，那里已经有20多万人自杀身亡，其中很大一部分是棉农。而达尔维家所在的地区——印度重要的棉花产区马哈拉施特拉邦，最多时平均每天有3位棉民自杀。

这个故事想必孟山都也看到了，在它们的网站上专门对此进行了说明。它们反问道：印度农民自杀和保铃棉有关系吗？

如果您在网络上搜索孟山都，你会发现有许多关于孟山都保铃棉的失败导致很多印度农民自杀的故事。然而，并不是您在网络上看到的所有东西都是事实，这件事就是最好的例证。

事实上,印度农民自杀的悲剧由来已久,在2002年孟山都保铃棉进入印度之前很多年就已经存在了。有很多原因导致了农民的自杀,许多专家也认为其中一个主要原因是负债。农民无法偿还贷款,面对微薄的收益,自杀常常被看成是唯一的出路。

其实,2004年由IMRB市场研究和咨询公司做的关于印度棉农的调查发现,种植保铃棉以后,印度棉花的产量增长了64%,杀虫剂的成本减少了25%,农民总收益增长了118%。

农民是孟山都的顾客,只有农民成功了,我们才是成功的。印度的农民已经发现种植保铃棉是可以获得成功的,因此每年我们都有很多回头客以及新的顾客。

孟山都的这番说明细读起来更像是一份辩护词。它们首先指出印度农民自杀是古已有之,原因是负债,但它们又引用了一家公司的调查数据来说明保铃棉的增产能力和缩减种植成本的能力,但是,它们回避了一点,那就是它们的种子必须辅助以专门的肥料和很好的排灌,否则就会大面积减产,就像达尔维一家所遇到的情况那样。但是卖种子的孟山都经销商为什么没有事先提醒达尔维的丈夫呢?达尔维的丈夫在不被告知的情况下种植失败,继而因负债自杀,这与孟山都没有任何关系吗?

小白鼠实验的未解之谜

人类历史上第一个对转基因提出反对意见的科学家,是英国阿伯丁的阿帕德·普兹泰博士。像那个年代里的所有人一样,普兹泰本来对转基因食品的光明前景深信不疑,直到他接手了一项科学实验。之前关于转基因食品效用的唯一一项研究是由孟山都资助的,研究得出的结论是转基因食品完全健康,适宜消费。1995年,普兹泰所供职的罗威特(Rowett)实验室接到了苏格兰农业、环境和渔业办公室的一份协议,要求由他主持一项预算为150万美元、历时三年的研究。罗威特实验室是一个由政府资助并为政府服务的科研机构。当时转基因农作物刚刚开始普及,基本处于实验室或田间实验的阶段,苏格兰农业、环境和渔业办公室出于对国民负责的态度,要求罗威特研究所制定科学检验方法的准则,以便政府管理部门今后在进行转基因农作物的风险评估时使用。

而在阿帕德·普兹泰博士看来,这项研究无非是对转基因食品的安全性给予一个完全独立的确认过程。但是1997年下半年,他对自己以往的观点产生了怀疑,因为食用转基因马铃薯的小白鼠的心脏、肝脏、脑部都比正常的小,而且免疫系统也十脆弱。1998年8月,他在一档收视率很高的英国独立电视台的节目《行动中的世界》中公布了他的实验结果:

> 有人向我们保证转基因食品是绝对安全的。我们可以随时食用转基因食品,也必须随时食用转基因食品。目前来看,转基因食品对我们来说没有任何危害。……但是作为长期从事这一领域研究的科学家,我认为把人类当作小白鼠一样来做实验是非常非常不公平的。我们应该到实验室去找小白鼠。

阿帕德·普兹泰博士的确被吓坏了,他呼吁把转基因限制在实验室当中。这无疑向生物技术界、政界、农业界、科学界扔了一颗重磅炸弹。奇怪的是,普兹泰不仅失去了工作,而且被英国正统科学界扫地出门,甚至连英国皇家学会这样权威的机构也跳出来参加争论,并摧毁了普兹泰在科学上的清白,使之成为在英国最早一个也是最后一个涉及转基因活体研究的人。这一切是怎么回事呢?听听恩道尔先生经过调查之后在他的书中是怎么说的吧：

1998年，一位英国顶尖的基因科学家向媒体发表了其研究成果：实验表明转基因食品可能对免疫系统造成损害。这一基于客观实验的结论原本对科学研究是一个重要贡献。但就在研究成果发布后48小时内，这位科学家和夫人同时接到所在研究所的解聘通知，并被要求不许透露任何研究信息，否则连养老金也保不住。之后英国皇家学会等机构和人员也群起而攻之，对这位科学家进行抨击。为什么会这样？因为英国首相布莱尔直接打电话对研究所进行干涉，因为布莱尔接到了美国总统克林顿打来的警告电话。而所有这些打压首先来自于孟山都公司的一个电话。

从那以后，所有推广转基因的广告语就变成了"这么多年来还没证据证明转基因是有害的"。记得，时任美国农业部副部长任筑山在天津接受《大生》采访时就是这么说的。

错误由政府承担，孟山都无罪

恩道尔先生上面那段话指出了孟山都的私人利益与政治利益结盟，又通过美国和英国的政治利益，干掉了科学的尊严，并将人类的生命安全置于一种不确定的境地。这句话其实可以成为转基因的另一种注脚。

孟山都的这种手法并不是什么新鲜事。还记得20世纪60年代的那场越南战争吗？在这场战争中美国曾使用了一种致命的灭草剂——橘剂，数百万人因被这种农药腐蚀而丧生。很多年以后，退伍的士兵曾到美国白宫门口告状，要求对当时被"橘剂"腐蚀导致皮肤溃烂做出赔偿。

"橘剂"的制造者就是孟山都，而这些退伍士兵状告的也是孟山都。

对此，孟山都也有自己的说辞，请看它在网站上的辩护：

橘剂：孟山都被卷入的背景

我们非常尊重那些被送去越南战场的美国士兵，以及所有在越南冲突中受到影响的人们。在这段艰难的岁月中，无论是哪一方，都承受着巨大的痛苦。其中的一段历史便是关于橘剂，对此，直到40年后的今天仍有许多疑问。

介绍一下当时的背景。1961年至1971年期间，美国军方通过使用橘剂来摧毁越南的原始森林，这样可以降低美军受到伏击的机会，减少伤亡率。

随着战争进入白热化阶段，美国政府利用其在《国防生产法案》中的权威，与当时七个主要的化学公司签订了合同，以保证获得美军及其联军在越南战场上所需要的橘剂和其他除草剂。美国政府指定了橘剂的配方并规定了使用这些化学品的时间、地点和方式方法，包括使用频率等。橘剂是越南战争中以军事目的使用的15种除草剂之一，也是使用最为广泛的一种。它被称为橘剂是由于当时在盛放这种化学制剂的容器外使用了橙色绑带。

当时参与生产的公司包括Diamond Shamrock公司、陶氏化学公司、Hercules公司、T-H农业与营养公司、Thompson化学公司、Uniroyal公司以及当时身为化学品制造商的孟山都公司。孟山都在1965年至1969年期间生产了橘剂。

橘剂是将两种常用的除草剂"2,4-D"和"2,4,5-T"按50：50的比例配制而成。橘剂从19世纪40年代末期开始在美国国内使用，并没有在美国农民、铁路和其他方面的使用中引起事故。自从越南战争之后，科学界和大众对其中的二噁英成分"2,3,7,8-TCDD"产生担心，这是生产"2,4,5-T"过程中的一种副产品，"TCDD"在该种除草剂中有微量存在。关于橘剂问题的研究已经进行了几十年，并且一直持续到今天。

有关橘剂问题的诉讼案件非常多。1984年，孟山都和其他6家化学生产商与美国退伍军人在美国纽约东部地方法院的集体诉讼中最终达成协议，这次的诉讼共涉及了数以百万的美国退伍军人和他们的家庭。该诉讼的解决是通过各方的努力而非漫长复杂的法庭辩论达成的结果，在美国地方法院法官Jack B. Weinstein主持下，1亿8000万美元的赔偿金作为协议的一部分偿付给了相关当事人。

之后，也有一些关于此问题的诉讼。2009年3月，美国最高法院解决了一个重要的法律问题，即支持了下级法院禁止就由橘剂事件引发的诉讼进行追讨赔偿的一致裁决。最高法院认同这些公司不必承担越战中橘剂使用的责任，因为这些生产商受制于政府协议，需执行政府的指示。

孟山都如今是从事种子和农业技术的公司。

我们相信越南战争中，包括橘剂的使用而带来的不良后果，应该由相关政府出面解决。

孟山都虽然在诉讼中败诉，赔偿了巨额资金，但其没有认识到自己的错误，以上引文的潜台词其实是：错误由政府承担，孟山都无罪。

孟山都小史

孟山都，成立于1901年，其总部位于美国的密苏里州，是世界上最大的转基因公司和化学除草剂"草甘膦"的生产商，占据了世界90%的转基因种子市场。中国所需的大豆80%依赖于进口，而这些进口大豆的90%以上都是利用孟山都的技术种植的转基因大豆。

孟山都发家于制造硫酸等工业化学药品，并成为世界上最大的生产多氯化联二苯（PCB）的公司。后来经证实，这种物质会使大脑组织受到严重损害，导致人类产生生理缺陷或者癌症。

1981年，孟山都开始涉足生物技术领域，经过多年的研究后，研制出一个经过人工修改的植物细胞，实现了生物技术领域的重大突破。1990年，孟山都将所有化学制品方面的业务转手交给了一个新成立的公司首诺（Solutia），同时，这个公司也接受了孟山都曾经涉及的化学污染诉讼。从此，孟山都彻底告别了不光彩的历史，变成了一个彻彻底底的跨国生物技术公司，同时也成为世界上主要粮食作物的转基因种子专利的持有者和控制者。1983年，一种含有抗生素药类抗体的烟草在美国培植成功。这意味着世界上第一例转基因植物的诞生。当时曾有人感叹，人类终于有了一双创造新物种的"上帝之手"。

据恩道尔在《毁灭的种子：基因操纵的幕后动机》中记载，1986年，在白宫召开了一次非公开会议。参加此次会议的人员为美国副总统老布什与孟山都高层管理人员。而此次会议讨论的内容，是如何撤销对发展中的生物技术行业的管制。

1988年，老布什当选为总统后，开始迅速落实生物技术计划，并给孟山都和其他主要的转基因公司大开绿灯，使这些公司获得了长足的发展。1992年5月26日，美国副总统丹·奎尔宣布了政府对生物工程中食品部分的新政策。新政策的核心在于，政府完全放开对生物技术产品的监管，对于食品部分不进行特别管制。该措施的出台直接加速了生物技术向粮食加工者、农民及消费者扩散。

对此，恩道尔在其著作中分析道，美国政府正在为孟山都等公司的转基因推广铺路。尽管美国的议员们忧心忡忡，并认为必须有一部法律规范转基因产品，以避免对人类未知的风险和可能造成的健康危害。但所有这些呼吁最终都不了了之，因此，不管是在当时还是此后的几年中，美国政府没有颁布任何法律法规，以管制生物技术和转基因产品。

根据老布什政府的新政，此后美国政府的监管部门对待转基因产品就和对待其他产品一样，判断食品新产品是否合适的根据，只是生产转基因产品的公司提供的数据，而不再进行深入的调查和研究。这对于孟山都等公司来说，无疑是莫大的支持。

目前，孟山都、杜邦、道化学和先正达四家公司控制了全球绝大多数转基因种植专利。其中三家与美国政府有着密切的联系，这三家公司曾经用长达数十年时间，在五角大楼进行生物化学武器研究。

进军中国路线图

孟山都来了。这是迟早的事。因为中国的市场太诱人了。

20世纪20年代初，那时由于各种条件的限制，中国人连吃糖都是一件奢侈的事。1923年，孟山都首先用糖精敲开了中国的大门。当时的糖精为一磅一罐，包装设计也非常好，即使放在水中，其中的糖精也不会变质。这使孟山都的糖精在中国大受欢迎。80年代后，孟山都开始在中国寻找投资机会，并希望与中国的企业合作，成立合资公司。

孟山都首次将转基因种子——保铃棉种引入中国是在1996年。其与河北省农业厅下属的河北省种子站以及美国岱字棉公司合作成立了第一个生物技术合资企业——河北冀岱棉种技术有限公司。此次合作成为孟山都在中国的起跑点，仅仅用了两年时间，整个河北省的棉花地里就种满了保铃棉。这种棉花让中国的棉农大开眼界，因为棉田里几乎再也找不到棉农恐惧的棉花杀手——棉铃虫了。保铃棉让孟山都在中国名声大振。1998年7月，孟山都又在安徽成立了安岱棉种技术有限公司。

合资公司的产品由孟山都直接从总部带到中国进行应用。虽然孟山都对这两家公司的持股比例为49%，中方为51%，但双方实力并不匹配。因此，公司实际的管理经营权是在外资手中。另外，孟山都要求占有两家公司70%～80%的利润，这是违反政策规定的。对此，中国的农业部也提出了质疑，并明确表示不赞成。但出于促进地方农业发展的目的，最后也不得不做出让步。根据相关数据统计，棉农种植转基因棉花后，种植成本降低了约20%，棉花质量也明显提高。但合资的两家中方企业的自有产品的份额也变得越来越少。

随着保铃棉种植面积的进一步扩大，相关的负面报道也开始出现，例如烂根、烂芽、出苗率不高等问题。到了2008年，一位孟山都的管理人员无意中透露，孟山都在中国建立的首家合资公司冀岱棉公司已经停产，原有业务已移交给安岱棉公司处理，孟山都正准备向中国引进新的转基因品种。在中国市场已经混了几十年的孟山都似乎已经摸清了中国市场的命门，因此这个管理人员在谈到这个问题时，表现得十分自信。

此间，孟山都又与中国种子集团有限公司合资兴办了一家合资公司——中种迪卡种子有限公司。该公司是中国第一家经营玉米等大田作物种子的中外合资公司。

更多的业内人士认为，该合资公司的建立，无疑为孟山都进一步占领中国市场打开了方便之门。而最终占领中国除棉花之外的其他大田作物种子市场也是孟山都的最终目的。

其实，早在1997年，由五部委联合签署的文件就规定，外资种业公司在中国不能独资研发、控股，参股不能超过50%。孟山都对此曾提出异议，要求中国开放市场。因中国政府的态度非常明确，无奈之下，孟山都只好选择与中方的公司合作。再加上中国政府对转基因的限制，孟山都也暂时没有把转基因触角伸及中国的大田作物。

虚掩的大门

由于转基因技术的发展一直存在着巨大的风险和不确定性，因此，中国在转基因主粮的问题上，态度也是一波三折。

2001年的时候，中国政府对转基因是抱着非常谨慎的态度。当时全国政协委员、中国科协副主席、"两院"院士石元春在接受一家媒体采访时曾表示，就技术本身来讲，转基因技术是中性的，对人体的影响不存在好坏问题。但转基因食品是把一种或几种外源性的基因转移到生物体中，可能存在潜在的危险，因此相关政府部门应加强监管和审批。

但到了2002年3月，中国政府对转基因食品的态度突然发生改变。据《中国经营报》报道，美中之间达成了一个临时性过渡协议，美国可以继续不受干扰地向中国出口转基因产品。此消息一经传出，芝加哥大豆期货价格一夜之间就跳涨了10多美分。

2004年年末，中国国内媒体再次相继曝出，转基因大米很快就将名正言顺地摆上中国人的餐桌了。因为农业部国家农业转基因生物安全委员会已经接到转基因水稻商业化申请，并将其列入讨论日程。

2005年年初，农业部对转基因商业化的态度再次变得谨慎。因为在获得正式审批前，湖北省就提前出现了转基因稻米，此消息一出，立即被国内外各大媒体转载，给中国造成了一定程度的负面国际影响。有人认为，此次事件很可能是某些专家为了给政府施压，故意地泄露种子给稻农，希望借此使转基因达到一定的种植面积，使之成为既成事实。中国政府对转基因的态度转变，被外界认为是严格审批制度的"反弹"。

到了2006年，《国家中长期科学和技术发展规划纲要（2006—2020年）》将转基因技术列为唯一的农业科技重大专项，此后，该专项经历了无数次的讨论和修改。据参与讨论与修改的专家透露，其实中国政府的态度就是，边实施边完善。2008年7月9日，国务院常务会议审议并原则上通过了转基因生物新品种培育科技重大专项。该专项资金来源于科技部，拟投入约240亿元，其中国家直接投入120亿元，课题承担单位配套120亿元。课题资金将主要投入到优势基因的挖掘、转基因品种的选育和产业化。其中水稻是主要发展的作物之一。

2009年10月，两种转基因水稻和一种转基因玉米的安全证书获得中国农业部的正式批准。当时农业部表示，3～5年内，转基因水稻将率先在中国上市。此消息一出，令国人震惊。不过，还不到1年的时间里，中国官方的态度又出现了180度的大转弯，这一进程明显被放缓。

2011年，政府关于转基因主粮商业化的态度进一步趋于保守。据农业部相关人士透露，5～10年内中国不会推行水稻、小麦的转基因商业化，但转基因玉米商业化的步伐可能会进一步推进。

对于此次政府对转基因主粮态度的变化，引发了各方的猜测。有人认为，是各方对转基因的质疑声音越来越大所致；还有人认为，国内目前在转基因主粮的研究、推广等各个环节都还不成熟导致了商业化的推迟。

不过，对于转基因玉米方面出现松动，各方的意见则比较一致。因大部分玉米是用于动物饲料或食品的初级原料，人们直接食用的较少，因此，在推进时遇到的阻力会较小。

中国农业真相

《粮食法》彰显"中国态度"

2008年,赶上恩道尔先生来中国推广他的新书《毁灭的种子:基因操纵的幕后动机》,笔者派记者采访了这位令人尊敬的长期旅居德国的地缘政治学家。"我衷心地希望中国能够有效地避开美国人自20世纪90年代开始所遭受的转基因飞速蔓延的命运。"在他的心目中,中国在世界上有着巨大的影响力,如果能够以审慎的态度看待和利用转基因,无疑在一定程度上可以阻止其破坏性的影响,从而减弱转基因在世界舞台上的影响力。身体残疾、坐着轮椅的恩道尔先生对中国的感情的确让笔者有些感动。他提醒中国政府,千万不要走上阿根廷的道路。

1996年,阿根廷总统梅内姆向孟山都公司颁发许可证,允许他在阿根廷全国独家销售转基因大豆种子。孟山都将转基因大豆种子大批量引入阿根廷农业的同时,配套地使用了自己的"农达"除草剂。如此一来,孟山都的转基因种子成为了一种全新的、用工业化方式生产大豆的商业化农业的基础,而阿根廷的土地成了一个庞大的生产种子的工厂。

"农达"除草剂自1974年推出以来,至今仍保持盈利。它是20世纪90年代能为农业带来增长的产品,1996年的销售额是1990年的3倍。需要解释的是,使用"农达"除草剂的田地,不需要进行一般的泥土翻耕,孟山都因此宣称转基因大豆有益于生态环境,并兜售给阿根廷农民。然而,这种"直接播种"的方法,只有富裕的大型农场主才能花得起钱采用,因为它需要一种庞大的特殊机器,这种机器将转基因大豆种子自动塞到几厘米深的小洞里,然后填压泥土,这种方式直接节省了大量的耕作人力。这被提倡者赞颂为"第二次绿色革命"。

但是,恩道尔先生却把这种"革命"称作"反革命"。他骨子里是一个原生态的农业主义者:"一种一度富饶多产的以家庭农场为基础的全国农业体系,被改变成了一种由一小撮势力强大、富有的大庄园园主主宰的新封建主义状态。"

当然,也不是所有的国家都接受了"转基因援助"。比如,津巴布韦的首相罗伯特·穆加贝就再三地拒绝了美国的食品援助,因为这些援助都是以转基因种子的形式提供的。而在阿根廷,由于戴维·洛克菲勒(洛克菲勒的孙子)和洛克菲勒家族的大通曼哈顿银行与阿根廷总统卡洛斯·梅内姆建立了密切的关系,阿根廷成为被实验的国家是双方利益共赢的结果。于是,孟山都在阿根廷陷入通货膨胀的经济困境中时乘虚而入,向渴望得到贷款的农民扩大发放"信贷"的范围,供他们购买孟山都的转基因种子和"农达"除草剂。戴维·洛克菲勒与在背后操纵转基因工程的家族,包括布什家族,都保持着紧密的联系。他让孟山都破坏了阿根廷家庭原有的耕作模式,但原先的原始耕作就质量方面而言是最好的模式。描述起今日的阿根廷,恩道尔先生充满了伤感的情绪:

在长达一个多世纪的时间里,阿根廷的农用土地,尤其是名扬四海的潘帕斯草原,曾经到处是绿草如茵的养牛牧场,中间穿插着玉米地和麦田。农民们在农业与牧业之间轮作,以维持土质。采用单一种植大豆的方式后,由于对关键养分的过度吸收与消耗,这些土壤需要更多的化肥——而不是像孟山都承诺的那样需要更少。几十年里曾在阿根廷草原上自由自在漫游的大量肉牛和奶牛群,这个时候被迫像美国那样建起大批牛栏圈养,以便为利润更为丰厚的大豆让路。传统的谷类、小扁豆、豌豆和绿豆田几乎消失殆尽。

在比较平静的20世纪70年代,在纽约的大银行进入之前,阿根廷的生活水平是拉丁美洲最高的国家之一。官方公布的生活在贫困线之下的人口比例1970年为5%。到1998年,这个数字陡升至30%,而到了2002年,又升至51%。根据阿根廷乡村反思团体公布的数据,以前在阿根廷闻所未闻的营养不良现象,到2003年上升到大约占3700万总人口的11%～17%。

在采访的最后,恩道尔先生再一次警示《大生》记者:"如果印度、中国、非洲和拉丁美洲的农民都买孟山都'草甘膦'系统的大豆种子,或者转基因玉米、棉花、大米——一个简单的问题就是,将来在某一点上,美国政府将会告诉中国:我们要求你们改变政策,否则在来年的作物种植中你们将没有大米或者棉花等的种子。"

恩道尔先生是个英雄,但他绝不会因为挑战美国的权势集团而道孤寡助。2012年2月21日,国务院法制办公布的《粮食法(征求意见稿)》得到了绿色和平组织的热烈回应。该征求意见稿指出,"转基因粮食种子的科研、试验、生产、销售、进出口应当符合国家有关规定。任何单位和个人不得擅自在主要粮食品种上应用转基因技术"。

这是中国首次立法对转基因进行管理,表明相关政府部门倾听和尊重了公众的声音与诉求,是对公众的利益和健康负责任的举动。

笔者不是科学家,但是笔者尊重可以重复可实验的科学精神,再次以袁隆平院士的话与读者朋友共享:

使用转基因水稻等的优点之一,是转基因水稻生长时,自我产生有毒物质,能够有效杀死害虫,从而减少农药用量。这种有毒物质,是否对人体有害,是需要长期研究的,因为很多有毒物质有累积效应,长期使用,会累积从而导致对人体有害。我个人认为,政府应该特别慎重批准转基因植物商业化。科学家不能完全预知对生物进行转基因改造有可能导致何种突变,而对环境和人造成危害。虽然实验非常成熟,但其对人类可能造成的影响,或许要在未来几代人后才显现。

这位"杂交水稻之父"决定为科学献身,试吃转基因大米。

第九章
The ninth chapter

钾肥争夺战

苏联解体与中国崛起
中化与中农资的内战
三大钾肥联盟的同进退、共调产
三小联盟鼎足国内
商务部组织"大买家"
武四海上书温家宝
关键时刻的打拼
"垄断"与1.7%的毛利润
大赢家PotashCorp
设立两种类型国企

钾肥争夺战 | 第九章

提到种子，就不能不顺便说说化肥。这不仅因为在决定粮食增产的诸多因素中，化肥是一个非常重要的角色，还因为化肥所遭遇的外资威胁更有过之而无不及。

当然，读者朋友们别误解，中国并不缺少化肥，中国缺少的是生产化肥的原料。

植物生长离不开三大元素——氮、磷、钾，三种肥料在植物的生长过程中有着不同的作用：氮肥对提高产量起主要作用；磷肥可以提高结果率、糖分、含油量等；钾肥在抗旱、抗寒、抗病虫害方面有特殊功效。这三种肥料对于农作物生长缺一不可。但是中国这三种肥料的产量非常畸形，氮肥多而磷肥少，钾肥就更加稀缺。

钾肥稀缺的原因主要在于它的原料——钾盐矿在地球上的分布比石油还要集中：90%以上储藏在加拿大、俄罗斯、白俄罗斯和中东地区。中国也是如此，在遥远的青海省格尔木地区，静静地躺在那里的察尔汗盐湖，储藏着中国90%的钾盐，但是这个储量只占全球储量的1%。在中国每年近1000多万吨的消耗量中，盐湖只能供应较少部分，另外600多万吨都需要进口。

在中国，凡是依赖进口的东西，都容易引起人们的遐想。原因嘛，想必读者朋友们都知道：中国人口众多，在多数产品上都会是最大的消费国，消费大国而非生产大国，就为中外竞争增添了变数。又一个故事开始了。

苏联解体与中国崛起

2011年11月底,中国的北方秋风萧瑟,完成秋收的农民开始进入冬闲,而南方的乡下还在忙着购买化肥,准备冬种。但是化肥厂的供应却一天天紧张起来,包括北方在内,全中国5000多家化肥厂都面临着钾肥供应紧张的问题。因为又到了国际钾肥联盟来中国进行价格谈判的时候了。这是每年最令人揪心的时刻,每谈一次钾肥价格就上涨一回。

2005年度的谈判结果是,在1000元/吨的价格基础上增加了40美元;

2006年继续涨价25美元/吨;

2007年涨了5美元/吨;

2008年较上一年足足上涨了400美元/吨;

2009年在高昂的价格基数上,破天荒地下调了250美元/吨;

2010年不涨也没降,与2009年持平;

2011年上半年上涨50美元/吨,下半年上涨70美元/吨;

2012年又会涨多少呢?

谈判期间,价格飞涨,但是有价无市。一些贸易公司基本上已经没有现货,那些还没有发到的货物也被预订一空。沿海地区的省级农资公司开始囤积钾肥。部分复合肥生产企业已经不报价、不接单。这是每年都会上演的一幕。

2012年3月20日,前方谈判终于传来消息:国际钾肥主要销售联盟之一的BPC宣布已与中国中化集团公司(原为"中国化工总公司",简称"中化")、中国农业生产资料集团公司(简称"中农资")签订了第二季度合同,进口总量为40万吨,价格为470美元/吨;同时,另一个国际销售联盟Canpotex宣布与中化化肥以同样的价格签订第二季度合同50万吨。这个价格与2011年的价格持平,终于让中国人高高悬起来的心暂时放了下来。

中外钾肥谈判始于2004年。

2004年之前,全球钾肥一直处于过剩状态。据国际肥料工业协会提供的资料,1995年过剩215万吨,此后过剩量一路攀升到2000年的430万吨,直到2002年才下降至116万吨。

造成过剩的原因,是1991年底前苏联的解体,这个庞大的国家曾经是世界头号的化肥消费国。一个巨大市场的瞬间消失,对一个行业的影响是灾难性的。1993年钾肥供应还处于基本平衡状态,过剩量只有72万吨。但是,进入1994年,过剩量猛增到惊人的301万吨。漫长的过剩期,使得钾肥的价格经历了近10年的低迷。1996—2003年,钾肥的大批购买平均离岸价格始终徘徊在100多美元/吨,最高峰的1999年年初也只有120美元左右。进入2003年,价格重新回到100美元附近。

但是,到了2003年10月份,改变全球钾肥供求格局的事情出现了——中国化肥行业全面复苏。复苏的诱因是农产品价格出现大幅上扬,这是中国自1997年来的第一次。粮价变化的背后是粮食供求关系的转变。1995—2004年的10年间,中国粮食产量在1998年达到了历史最高点——接近5.3亿吨。但此后一路下滑。连续5年的歉收,使粮食产量在2004年进入历史低谷——4亿多吨。随着政府对粮食生产支持力度的加大,化肥消费快速增加。

为了保证化肥供应,2004年成为中国针对化肥行业出台政策最多的一年。在增产的欲望和政策驱动下,中国对钾肥的需求量突然增大。自2004年开始,中国替代美国成为世界最大的钾肥消费国,而中国的钾肥来源却非常有限。钾肥进口一下子多了起来。

据中国化肥信息网数据,2002年中国进口钾肥695万吨;2003年下降至657万吨;但2004年进口量突增78万吨,达到735万吨。那时的中国被世界钾肥巨头们称作"新兴市场","新兴市场"还包括印度、越南和巴西。这些国家的GDP增速均在7%以上，中国更高，为9%。

"新兴市场"的迅猛发展，把低迷了10年的钾肥市场一步步拖上岸来。以中国为代表的"新兴市场"国家拯救了国际钾肥巨头。但反过来，国际钾肥巨头们也因此拥有了提升价格的空间和权力。

而当时的中国，像成品油、化肥等关系国计民生的重要商品的进口权实行严格管制，只有中化和中农资拥有，其垄断程度和世界钾肥联盟旗鼓相当。应该说，在这种前提下，供给方的提价目的并不容易达到。

但是，2004年，在国内旺盛的需求促动下，中化和中农资为争夺国际钾肥商手中的钾肥，展开的一场"价格战"，使外商获得了主动权。此后，中国国内对化肥进口权的竞争不断。所谓每年一度的钾肥谈判机制就此形成。

中化与中农资的内战

华泰证券研究所的裴雷和郝国梅写于2004年的一篇文章是这样描述这场价格战的：

我国是钾盐贫乏国家，需要每年大量进口。目前仅有中化和中农资两家国有企业具有进口资格。我国钾肥市场价格由进口钾肥决定，这既取决于国外钾肥企业对中国市场的争夺策略，还取决于国内两大企业的进口竞争。前期两大集团为争夺钾肥进口代理权进行的价格战，对两家企业的利益均造成损害，在两大进口批发商——中农资及中化"休战"后，国内钾肥价格提升了20%以上。

中化曾经是中国唯一的化肥进出口企业。1998年11月,国务院下发《国务院关于深化化肥流通体制改革的通知》,赋予中国农业生产资料集团公司化肥进口代理经营权。中化独家代理化肥进口的历史随之结束。这份被称为"39号文件"的通知,被化肥界视作钾肥进口的拐点。

中农资是中华全国供销合作总社直属的,集生产、流通、服务为一体的,专业经营化肥、农药、农膜等农业生产资料的大型企业,已经有50多年历史。而中化在国内贸易方面没有任何业务。因此,中农资出现在谈判桌上,对中化自然是一个巨大的威胁。但是,由于中农资一直经营国内贸易,没有国外客户关系,反观中化,已经打了多年的基础。所以中农资虽然被授予了代理权,初期并没有获得多少"实惠"。不过,中农资也没打退堂鼓,苏联解体给中农资这个"后来者"提供了巨大的机会,就在国际市场疲软的时候,该公司开始向前苏联地区用力。

解体后,世界第二大产钾国俄罗斯国内市场需求减少,着力出口;第三大产钾国白俄罗斯原有的生产链和供销环节全部被割裂,为将产品打入国际市场正急于寻求合作。为了共同的利益,俄罗斯的Uralkali、Silvinit和白俄罗斯的BPC组成了IPC公司。与中农资合作的就是IPC,而中化原有的客户以加拿大钾盐商为主,前苏联地区正是中化的"软肋"。

中国磷肥协会会长武希彦接受一家媒体采访时说,后来Uralkali出来单干,参与到加拿大钾肥联盟,剩下的Silvinit和白俄罗斯BPC,对外的名称还叫IPC,但是到1995年年底之前,IPC又发生变故,BPC联合Uralkali成立新BPC,即白俄罗斯钾肥公司,Uralkali放弃了自己的名称。IPC则只剩下Silvinit一家。Silvinit后来改变外贸方式,针对中国市场、欧洲市场,以短平快、打游击的战略,对中国销售钾肥以小额边境贸易为主,根据国际市场价格随行入市,不做海上运输,对其他国家则实行海上运输。现在中国对前苏联地区钾肥谈判签的单子，就是新的BPC。

中农资利用前苏联地区钾肥供应商的混乱，终于在钾肥进口代理上站住了脚跟。

在2004年中国进口的735万吨钾肥中，从俄罗斯进口419万吨，从加拿大进口194万吨，其余部分来自白俄罗斯、德国及约旦。武希彦说，当时的约定是，中农资仅限于和IPC签约，中化和Uralkali签约，等于对前苏联进口，中农资占60%，中化占40%。而加拿大、以色列等其他地区，均由中化对外签约。

但是，2004年，当中国将化肥行业拉进起飞跑道的时候，这种"平衡"被打破了。裴雷和郝国梅所说的中农资和中化之间的"价格战"，并不是针对国内客户的"降价战"，而是面对国际供应商的"抬价战"。因为非此不足以争取到货源。

正是那一年，国际钾肥巨头们利用中国两家代理公司的"内战"，将谈判价格提升了40美元/吨。两家公司的竞争不仅没有给各自带来好处，反倒是让外商渔翁得利，最后只好握手休战。出人意料的是，第一轮钾肥进口权争夺战的硝烟尚未散去，第二轮的争夺战又拉开了序幕。2002年和2004年分别被赋予进口权的8家公司加入了钾肥进口的竞争行列。这进一步加速了国际钾肥商的联盟步伐。

三大钾肥联盟的同进退、共调产

分布在加拿大、前苏联和中东的钾盐矿，分别由这三个地区的世界前八大钾肥公司控制，它们通常被世界化肥界人士划分为三个阵营：

第一阵营：加拿大PotashCorp、美国Mosaic、加拿大的Agrium组成的Canpotex公司；第二阵营：俄罗斯的Uralkali、Silvinit和白俄罗斯BPC组成的IPC公司（此阵营的演化已在上一节谈过，不再赘述）；第三阵营：中东的以色列的Israel Chemicals Ltd（ICL）、约旦的Arab Potash Company。

三大阵营的利益原本并不统一，各有各的地盘，但是，在对主消费国——中国、印度、巴西的谈判中无形中结成了利益共同体。与中国、印度、巴西这些买方大国各行其是不同，在世界钾肥联盟眼中，全球市场是一个整体，在一个局部市场，只要有一个供应商的利益受损，就可能波及其他供应商在其他局部市场的份额。一篇分析文章写道：

国外几大钾肥企业心照不宣地采取了同进退、共调产的策略，始终维持着市场格局。事实上，在国际贸易中同行间达成的约定俗成的所谓行业守则，有些像战争中的攻守同盟。这其中的微妙之处值得国内所有希望开辟海外市场的中国企业认真学习、仔细体会。2006年3月中旬，在钾肥谈判胶着时期，五矿商会曾经通过新华社发出一条个别国家钾肥公司可能退出中国市场的消息。对于业内关注谈判的人来说，不难看出此消息是有明确指向的。而且，消息中还强调了中国市场需要钾肥量之巨大，也是在向其他钾肥企业发出需求信号。就在此消息发出后的两天，笔者致电国际另一大钾肥生产企业亚洲分公司的一位负责人，请教其对此事的看法。他很坚决地表示，他们会保持在中国的原有市场份额，而不是借机增长。

他的理由简单而明确，如果哪一家企业在中国的钾肥市场份额出现大幅度缩水，对于所有钾肥企业都将是一个负面影响。因为这批无处可去的产品会对全球其他市场现有份额带来巨大的冲击，由此带来的混乱对于任何一家企业都是不利的。

据笔者了解,与该文观点相应的事实是,2005年年底,钾肥谈判初启,加拿大PotashCorp、美国Mosaic在北美的工厂,以及BPC公司都相继宣布了减产和停产。PotashCorp总裁兼首席执行官比尔·多伊尔表示,虽然关闭部分钾矿影响了公司的现金收入,但钾肥价格的坚挺,对今后的钾肥贸易有长远的好处。

正是这种对利益关系的深刻认识,使三大阵营越来越趋同于一个整体。后来不获得钾肥进口权的6家公司曾经找到钾肥联盟中的一家,希望打开谈判缺口,但是对方的报价比联盟还要高。相比之下,中国的企业却很难形成真正的联盟,无不台上信誓旦旦,台下各行其是。

三小联盟鼎足国内

2002年是继1998年39号文件之后,中国钾肥进口格局的又一个转折点。

为了落实中国对WTO的承诺,2002年外经贸部发布第50号公告,赋予中国化工建设总公司和华垦国际贸易公司化肥非国营贸易经营资格。

中国化工建设总公司成立于1982年,其前身为中国化学工业部外事局和成套设备进出口公司,2006年10月被并入中海油。

华垦国际贸易有限公司前身是华垦物资有限公司,成立于1992年5月,原是农业部中国农垦(集团)总公司的直属公司。现在是上市公司中垦农业资源开发股份有限公司的控股子公司。

2002年加入的这两家企业都是贸易企业,是钾肥争夺战的第二股力量。但是,与中农资1998年时的处境类似,由于没有国际贸易经验和客户基础,因此,两年左右的时间内也没有获得多少"实惠"。

2004年,又有5家企业加入钾肥进口的阵营。9月8日,商务部发布第52号公告,中国石油天然气集团公司、山东鲁北企业集团总公司、山东鲁西化工股份有限公司、湖北洋丰股份有限公司、辽宁西洋特肥股份有限公司等5家获化肥非国营贸易自营进口经营权。

新加入的5家生产性企业原本只能从前4家贸易型企业购买加过价的钾肥,与国内其他生产企业处于同一成本线,现在获得了自营进口权,意味着原料成本的降低,继而意味着市场竞争力的增强。这颇令国内其他同类企业眼红,但"五兄弟"已经顾不上同情它们了,它们摩拳擦掌,准备各自与外商直接谈判。

但是,国际贸易毕竟是一门没有修过的新课程,"五兄弟"各家都是几十吨的小单子,国际钾肥卖家谁也没搭理它们。"五兄弟"开始总结教训,最后一致认为,国际卖家已经形成价格联盟,采取秘密开会、串通价格的办法,统一涨价,因此应该以联盟应对联盟。它们想到了老牌的进口企业中阿公司。

中阿公司是10家企业中比较特殊的一家——是当时中国与第三世界国家间最大的经济合作项目,因此还被邓小平誉为"南南合作典范"。正是因为这一特殊性,因此当经营不善发生亏损而被中方承包经营后,为了支持中阿走出困境,政府给了许多支持,其中一项就是赋予其化肥进出口经营权。那时是1993年,当年任中阿副总经理的武四海出任中阿公司总经理。

"五兄弟"之所以选中中阿公司,还因为武四海担任着世界肥料协会的主席,在国际肥料界有着非常高的声誉和影响力,这一点也可以作为和外商谈判的"软筹码"。

武希彦回忆说:"武四海起初认为对中阿集团没任何好处,中阿享受中化、中农资进口的到岸价,怕受损失,后来经过动员,他思想转变,答应出马,结果2004年8月份,协会开会,组织6家公司让各家法人写委托代理书请中阿代理,和国际几家大的供应商接触。"

武四海的担心是有原因的。因为国家特批给中阿的化肥进出口权仅限于自用,不得销售。氮、磷肥是自己对外谈判,钾肥由中化代理进口,中化只收其成本费。因此,与中化没有冲突。如果加入"五兄弟"阵营,一边由中化代理之外,一边又找外商直接进口,很可能会遭到中化反对。

武四海出任"五兄弟"的龙头老大后,"五兄弟"变成了"六兄弟"。

这样,在中外钾肥谈判中中方就出现了三个阵营:由中化、中农资两家既得利益者组成的第一个阵营;中国化工建设总公司、华垦国际贸易公司是第二个阵营;"六兄弟"是第三个阵营。每个阵营都是一个小联盟。

至此,中国钾肥进口企业完成了"2+2+6"三足鼎立的局面。国内3个小联盟与1个国际大联盟的对抗赛就这样开始了。

商务部组织"大买家"

"六兄弟"阵营率先出动和外商一一接洽,外商态度友好,但含而不露。到2004年年底,正式开谈2005年合同的时候,只有Uralkali一家答应给它们20万吨的单子,而且开价比给中化、中农资的还高。"六兄弟"空手而归。

"六兄弟"的行动毫无疑问地惊动了中化、中农资。正如武四海所担心的,中化对于中阿公司十分不满。"第三阵营"和"第一阵营"的矛盾就此埋下了伏笔。

总结初战失利的原因,武希彦认为是"由于中化在背后做了工作",为了瓦解"六兄弟","中化、中农资两家公司毫不犹豫地同意涨价40美元"。从此，中化、中农资为了实现垄断，不惜以高价格结束谈判的观点，就成了其他企业批评中化、中农资的主要说法。不过，据业内人士分析，由于6家企业均为生产性企业，进口钾肥仅供自用，加起来也不过100多万吨。与中化和中农资手中超过500万吨的大单差距明显，在外商卖家联盟面前，只是一个小买家。外商怎么会为了一个小买家的利益，而得罪大买家呢？他评论道：真正的办法，是10家企业整体联盟。万般无奈之下，8家企业决定向政府求助。

2005年10月，中外2006年度钾肥价格谈判开启。当月末，由中国磷肥工业协会出面，向国家商务部外贸司呈递了"紧急报告"，请求商务部出面，组织全部10家企业组成一个与国际卖家联盟匹敌的大买家联盟。申请得到了官方的高度重视，商务部随之成立了钾肥进口联合谈判小组，决定建立钾肥联合谈判机制。

12月22日，商务部组织10家企业到会，高虎城副部长主持召开了钾肥进口协调会。会上，中化、中农资竭力反对新的联合谈判进口机制，其余8家则拍手同意。商务部最终形成了指导意见——"商务部指导，商会协会组织协调，企业统一对外谈判"。武希彦对此解释说：实际上就是统一谈判价格，分别对外签约，利益共享。7日后，国务院办公厅秘书一局以专报信息的文本，将"钾肥进口问题"上报时任国务院副总理吴仪并抄报国务院总理温家宝。

吴仪在该文上批示："请商务部牵头狠抓一下进口钾肥问题上我公司的相互竞争之事，此建议很好，要建立新的钾肥采购机制，反对企业只考虑自身利益，置国家利益于不顾。"商务部由此更进一步坚定了搞钾肥进口新机制的信心。

2006年1月4日，商务部主持召开钾肥进口联合谈判协调会，制定"钾肥进口联合谈判规则"。据当时参会的武希彦介绍，谈判规则有三：一、统一对外谈判，中化、中农资各出一个代表，其余8家企业推举一个代表；二、在谈判过程中，中化、中农资的代表主谈，8家企业推选的代表有权参加谈判，但现场没有发言权；三、由中国五矿化工进出口商会、中国磷肥工业协会帮助组织协调10家企业联合谈判之中的矛盾。

对于"内部规则"，8家企业提出要求"统一对外谈判，分别对外签约"，负责居中调停的五矿商会提出了折中意见，8家企业和中化、中农资分配进口钾肥的比例为：中化、中农资占80%，8家获得20%；此"规则"适用范围限于前苏联地区，该地区出口中国的钾肥为400万吨，占到了中国进口量的一半以上。8家公司无奈让步，接受了五矿商会的协调。

这就是日后钾肥进口领域中极为著名的"二八分成"共识。

至于对加拿大钾肥市场，由于中化与加方签订的独家代理合同还在有效期，为保护中化免遭损失，等中化的合同到期，亦即2007年，8家公司才可以参与谈判。

关于签约方式，中化、中农资提出8家公司不能直接对外签约，只能对中化、中农资的子公司分别签约，还提出必须均衡供货。最后商务部出面协调，判定由中化、中农资两家对外签约，剩下的8家再和中化和中农资的海外子公司签约。8家企业认为，这实际上意味着进口钾肥权100%又重新回到中化、中农资手里。

虽然8家企业对"二八分成"并不满足，但毕竟前进了一步；对加拿大钾肥的签约要等合同到期，也在情理之中。但是，8家企业不能和外商直接谈判，只能和中化、中农资的海外子公司签约是为什么？

据中国石油国际事业有限公司化工品部一位人士透露："中化、中农资提出要求6家企业与其子公司签约，说到底，还是为了垄断利润，掌控第一手价格资格，不让我们了解对外签约的价格内幕。不了解对外签约价格，何谈对外签约资格？根据原外经贸部2002年第27号《原油、成品油、化肥国营贸易进口经营管理试行办法》第十条，'国营贸易企业在每季度结束后10个工作日内，将该季度国营贸易进口管理货物的市场供求情况、购买价格和销售价格等有关信息报送外经贸部和国家经贸委'。连国家商务部、发改委都不了解真实价格,更别说我们企业了。""中化、中农资所谓的合同价格保密,根本站不住脚,最起码应该汇报给国家。"辽宁西洋集团总经理助理仇广纯也说道。

武四海上书温家宝

8家企业对内部协调结果自然不会满意。"六兄弟"继续寻找代言人,最后确定综合实力远远超过中化和中农资的中石油做代理。武希彦说,中石油方面表示愿意代理6家企业进口,而且提出不收代理费,但是,中石油却在6月份自动退出。对于自动退出的原因,中石油方面的表示"不便透露"。

就这样,从2005年10月份就开始的2006年度钾肥谈判一直僵持了近7个月。

2006年6月5日至7日,国际肥料工业协会第74届年会在南非开普敦召开。会议期间,已经升职为国际肥料工业协会主席的武四海,在和印度、巴西、马来西亚等钾肥进口国厂商接触之后形成了共识,就是国际钾肥出口联盟已经形成垄断,进口国也必须联合起来应对国际钾肥垄断,并且探讨了联合行动的可能性,最后形成一致观点:以拖延时间的"战术"致使钾肥垄断集团降低价位。

从遥远的南非赶回来,武四海马不停蹄地将几国商议的方案汇报至商务部。谁知,一个月后,7月初,中化在香港上市的公司中化化肥公司(HK0297)公开了一个信息:中化化肥公司与加拿大钾肥供应商Canpotex公司,早在4月1日就已经续签了2007—2009年的合作备忘录——由中化澳门与Canpotex签订备忘录，将在2007年1月1日至2009年12月31日的3年间分别供应价值43亿港币、53亿港币、63亿港币的钾肥。

此举立即在行业内外引起振荡。因为根据商务部的协调结果，加拿大钾肥进口的份额，在中化与Canpotex上一期的合同到期后，也将纳入"统一对外谈判，分别对外签约"的范围，实现"二八分成"。一家不便透露名字的公司说："中化的做法显然没有按照协调结果执行。"

武希彦分析说："首先，这个备忘录明确了中化的独家代理权；其次，按比例一算，可以看出大致每年递增价格是40美元，也就是说每年涨价幅度已经确定。"

武希彦说，他们就此找到商务部，商务部的说法是，这只是个备忘录，并没有法律效力。不过，商务部随后将此事报至国务院。不久，商务部的态度就发生了转变。

7月6日，武四海与中国磷肥工业协会联名向国务院总理温家宝呈递了一份《关于钾肥进口情况的紧急反映及建议》。武四海在该《建议》中表示，2004年，为了两个垄断（对外垄断进口资源、对内垄断分销市场），中化、中农资竟接受外方不合理的40美元涨价要求，涨幅高达41.2%，给我国农民购肥带来了约30亿元的巨大损失，加上船运费用涨价，损失总额约50亿元。2006年4月10日，中化在香港的子公司中化化肥公司与加拿大钾肥供应商Canpotex公司签订了2007—2009年钾肥备忘录。按照备忘录签署的贸易额与贸易量计算，钾肥价格在未来几年将年均上涨约40美元左右。全球钾肥目前供大于求，提价是不可接受的。

因此，武四海建议，在国家商务部领导下，成立由五矿商会和磷肥协会任组长、相关钾肥用户及公司参与的谈判机构，建立联合谈判沟通机制，形成联盟，以挫败国际钾肥供应联盟的不合理涨价企图。

此后，国务院总理温家宝在中国磷肥工业协会提供的请示报告上批示："请商务部研处。"

关键时刻的打拼

武希彦说，总理批示之后，商务部召集各部委参加会议，发改委、农业部、五矿商会、中国磷肥工业协会等都参加了。中化化肥公司2004年年报中的大事记显示，也就是在商务部开会的7月份，"钾肥谈判结束，本公司与BPC、Canpotex、以色列死海工业有限公司（DSW）、阿拉伯钾肥公司（APC）签订了2006年采购合同"。

2005年年底钾肥谈判开始的时候，外商提出的2006年涨价幅度为40美元/吨。经过7个多月的僵持，外商没有达到预期目的，最后只能以涨价25美元结束谈判。在2006年的上半年，中国没有进口一吨钾肥，市场消耗的完全是上一年的库存和一些国产钾肥。

武希彦回忆说："那年谈判到7月24号才谈成，我们开始将价格压得很低，因为我们有库存，进口量也大，拖到7月份才把价格抬起来，7个多月的影响使国外垄断方的损失很大。"

8月份，中化化肥公司又与DSW、APC续签了2007—2009年合作备忘录。

由于2006年度价格的谈判一直从2005年10月延续到2006年的7月，因此，尘埃落定不到3个月，2007年度的价格谈判又开始了，上次谈判的巨大压力使外商不敢再延迟时间，谈判小组抓住时机签下了仅涨价5美元/吨的合同。

这被国内代理商看作一次巨大的胜利。一位熟悉内情的人士表示，这次胜利使10家企业认识到，进口量大是一个重要的谈判砝码，而依靠库存拖延时间也是有效的策略。因为供应商虽然垄断了资源，但是，这些资源只有销售出去才能变成利润，在钾肥消耗国家，库存一天天减少的同时，供应商的库存也在一天天加大，如果不能尽快销售出去，势必减产，而减产的危害不仅是现金收入的减少，而且会使产能闲置，损失巨大。印度在2006年的谈判坚持到了最后，价格一分也没涨，就是一个很好的说明。

武希彦的说法印证了这位人士的说法："巴西也主张与中国联合，我们也向商务部建议和印度、巴西联合起来，共同应对国际垄断。但是中化、中农资坚决反对，认为印度是考虑自身私利。"

虽然2007年度的涨价幅度以5美元奏凯，但是8家企业却高兴不起来，因为按它们的说法，"二八分成"中的"二"，它们并没有买到手。

据分析人士说，原因可能就在于它们"只能和中化、中农资的海外子公司签约"这一条上。因为中化、中农资的子公司完全可能在外商涨价后的钾肥价格上加上比较高的利润，如果到8家企业手上的价格与国内市场分销价格持平，"二八分成"中的"二"就成了镜中花、水中月。

"联合谈判，表面没有变，但内部游戏规则变了。"武希彦说道。

转眼就到了2007年，"两会"召开，6家生产企业中恰好有3位人大代表：辽宁西洋集团董事长周福仁、山东鲁北企业集团董事长冯怡元、中阿化肥总经理武四海，他们联名上交了一份提案，即第6265号建议，"提案"要求公平钾肥进口权利，真正落实钾肥进口新机制。商务部就此提案给予回复，但三位人大代表一致表示"极度不满意"。他们还在会议期间分别找到商务部外贸司。据周福仁回忆，和商务部的见面吵得非常激烈，也很不愉快。

4月26日，一直没有发言的两家从事非国营贸易的贸易企业——中国化工建设总公司、华垦国际贸易公司也开始表达不满。它们联合中国磷肥工业协会向国家发改委提交了一份《关于目前中国钾肥市场情况的紧急报告》（以下简称"《紧急报告》"）。报告言辞非常激烈，直接指责中化、中农资从农民身上牟取暴利。

然而回应它们的却是2008年的谈判结果——涨幅高达240%！

"垄断"与1.7%的毛利润

《紧急报告》对中化、中农资的"垄断"问题进行了具体分析：2004年年初中国进口氯化钾的市场价格在1200元/吨左右，之后由于国际海运市场发生较大变化，导致进口成本增加，但当年国际海运费增长幅度最高只有40美元/吨左右，而中国的氯化钾市场价格在2004年之内却上涨了700元/吨以上，折合85美元/吨，仅此一项增加的利润就高达近20%，而中化和中农资作为国营贸易公司，国家规定的进口化肥经营差价率应为1.7%。

言下之意，"二中"赚取了绝对不止区区1.7%的经营差价。这里所谓"违反国家规定"，指的是国家发改委就进口钾肥的口岸交货价设定了价格上限，即：国家发改委批准的实际总成本＋1.7%毛利率。其中，总成本包括到岸价、保险费、产品检查成本、银行收费、关税、贸易税、手续费、进口税、增值税、包装成本及进口企业产生的合理行政成本的总和。而中化化肥公司2004年年报显示，当年营业额为118.37亿港币，经营利润为6.74亿港币，毛利润达5.7%。难道真如磷肥协会、中国化工建设总公司和华垦国际贸易公司所说，中化胆敢明目张胆地违反国家发改委的规定？

笔者在中化香港控股有限公司2005年6月13日发布的"向中化香港（集团）有限公司收购化肥集团"的说明文件中发现，"中化系"有着十分复杂的股权结构，而人们通常将"中化系"的各个公司统称为"中化"，其实，在钾肥进口过程中，"中化系"的代理权曾经有过变更。

有关资料显示，1950年3月，中国进口总公司成立；1961年，改称中国化工进出口公司；1965年，更名为中国化工进出口总公司。此后一直到2003年11月，才改成今天的名字——中国中化集团公司。

1993年4月,中国化工进出口总公司设立了独资企业——中化化肥公司。在2005年中化化肥被中化香港控股有限公司反向收购之后的年报里,中化化肥与已经更名为中化集团的中国化工进出口总公司签订长期服务框架协议,前者的进口化肥全部由后者提供,价格为实际购入价和发改委规定的若干费用,但不包括任何后者的利润。

就此,有关分析人士推测,1993年之前独家代理时期,中国化工进出口总公司可能完全按照国家的规定执行1.7%的经营差价;1993—1998年,中国化工进出口总公司则很可能在进口价格基础上增加1.7%卖给子公司中化化肥公司,再由中化化肥公司加上"垄断"利润之后卖给其他企业;1998年之后,中国化工进出口总公司和中化化肥之间的利益关系可能仍然是1.7%,变化的可能是中化化肥的收益——由"垄断利润"变成"合理利润"。但不管怎么说,中国化工进出口总公司亦即后来的中化集团的做法,并没有违反国家发改委的规定。

大赢家PotashCorp

换句话说,中化集团除了是中化化肥公司的实际控制人,还是该公司业务链条上的一个环节。为什么这么说呢?其实在"39号文件"出台之初,面对中农资的凶猛竞争态势,中国化工进出口总公司就已经悄悄地在酝酿业务转型了。

中化香港控股公司的收购文件显示,独家代理权丧失后,中化化肥的业务模式从单一的贸易代理,转向化肥产品采购、生产和销售的上下游一体化模式,并采取反向收购的路径展开股权转让。2004年,通过一系列复杂的股权安排,中化集团将国内外所有化肥业务全部转让给中化化肥公司，2005年，再由中化香港控股公司收购中化集团所持有的化肥公司及其所有附属公司的全部股权。收购完成后，公告显示，由中化香港控股公司及其"一致行动人士"持有中化化肥股份38.9亿股，占全部股份的66.98%。

所谓"一致行动人士"是谁呢？2005年7月，距离2006年度钾肥谈判开始还有3个月的时候，"一致行动人士"终于揭晓，原来是国际钾肥谈判联盟的领头羊——加拿大的PotashCorp。此后，PotashCorp又不断增持，最终将股权提高至22.06%。看来，这的确是一个"双赢"的战略。

业内人士分析说，其实并没有政策限制8家企业与国际钾肥巨头的谈判，但包括中农资都无法介入与加拿大阵营的谈判，为什么？因为，中化是在和"自己人"进行谈判。你想加入吗？人家为什么要理你？

至于PotashCorp，不仅直接可以掌控每年的价格谈判，还可以在获得钾肥利润的同时，获得分红。这也许是中化上下游一体化模式中最坚实的支撑点。虽然"独家代理权"在政策上已经失去，但是，中化又在商业运作中将它牢牢地握在了手中。资本市场人士评论道，这的确是一个漂亮的转型。

设立两种类型国企

有朋友在看了本章之后会提出疑惑：把10家企业之间的争斗细节写得这么清晰，会不会太繁琐呢？我觉得这么写是必要的。只有近距离的观察，读者朋友才可以对目前国有企业运作体制和考核标准的弊端有更加真切的感受。

这一篇报道，我们曾拿给武四海先生看。据说武先生显得不太高兴，他似乎觉得报道没有站在它们8家企业这一边。但笔者认为，8家企业虽然指责中化、中农资只顾企业利益不顾国家利益，但是作为国有企业，既然老东家国资委考核它们的标准是国有资产的保值增值，那么它们为利益而竞争有什么错误呢？其实这8家企业也无一不是国有企业，它们争夺进口权不也是利益之争吗？它们的出发点与中化、中农资又有什么分别呢？更进一步说，假设把中化、中农资的权力给8家企业中的某两家，这两家可否保证先顾国家利益，后顾乃至在国家需要的时候不顾企业利益呢？其实对待国有企业的双重考核标准才是问题的关键。

笔者认为仍有必要重申第五章所述的观点，呼吁国企二次改革：第一，让进口权回归中化、中农资；第二，切断中化、中农资与其下属公司的资产纽带关系。中化可以为外商独资企业（中化化肥公司名义上已经成为外商独资企业）做行政代理，仅收取1.7%的差价，难道不可以为国家做同样的事情吗？

当然，笔者的提议并不希望被理解为是全盘的私有化，因为全盘私有化解决不了后发国家的问题。国家的利益其实包括两个层面：第一个是国有资产的保值增值，这一点并没有错，但有一个前提——必须保证追求这一目标的国有企业是平等的市场主体，"平等"既指对它们不能实行双重考核标准——它们的任务就是保值增值，又指不可以有特权；第二个层面是国家战略利益，这一点常常被忽视，只有和企业利益发生矛盾时才被人发现和重视。承担这一任务的国有企业必须是"非市场主体"，亦即考核标准不能是保值增值，而是国家战略目标的完成情况。同时，这一类型国有企业不得与前一种国有企业存在任何资产纽带关系。

第十章
The tenth chapter

饲料：另一种玩法

从饲料切入"咽喉"

目标锁定六和

三井战略VS刘永好战略

铁矿石谈判中的"三井方法"

一美元亏损与垄断"商权"

复制不来的综合商社

刚刚开始的布局

饲料：另一种玩法 | 第十章

美国人的手法是强悍的，先通过贸易把大豆输入中国，然后通过娴熟的期货操作，使中国油脂行业一夜亏损，想逃债吗？不行，得坐下来谈，谈不拢，就收购你！

日本人则不同，他们尽管作风死硬，但做事低调，就像前边在中国不声不响种地的朝日绿源那样。作为年营业收入达52516亿日元（合人民币4181亿元，2012年3月三井株式会社网站数据）的大型综合贸易公司，走的就是一个出其不意的路数。

三井物产有15个营业本部，与农业相关的有两个——粮食本部和食品本部，这两个本部的运作和其他本部一样，都是以"商权"为核心。它不像美国公司那样强求控股权，但是一样能够控制合作者。

外资在中国的布局，通常会走两种路径：一是实业投资。20世纪80年代初期到90年代中期，无论是进军农业上游的种业、肥料业，还是种植、养殖业，以及下游的食品加工业，外资多数采取这种方式，建工厂，打品牌，占市场；另一条路径是资本控制。进入21世纪之后，最为接近消费终端的食品加工业中，中国本土企业通过价格战迅速占领市场，跨国公司开始逐步放弃实业投资，直接参股甚至控股本土企业，达到资本获利的目的。这一点在乳业市场表现得尤为明显。经过近30年的博弈和磨炼，中国本土企业已经逐步掌握了应对这两种竞争的方法。

不过，三井哪条路都没有走。它的布局思路完全是独特的。也许正因为这种独特,许多人并不了解,甚至无从了解三井。

然而,不可回避的是,它已经来了。

从饲料切入"咽喉"

2007年10月8日,六和集团与三井物产的股权转让,引起了媒体的关注。因为一个世界500强企业与一个中国500强企业(新希望集团控股山东六和集团50%的股份)的握手,总是值得报道的一件事。新希望集团的一位知情人士透露:"这是它们在中国的一个战略布局。"不过,这在中国农业企业当中却没有引起足够的重视。

在一份截至2007年3月31日的年报中,包含着三井食品零售部本部部长藤田的一篇文章。藤田十分简明地说道:随着中国和其他新兴国家对食品需求的增长,同时生物燃料对原料的需求给食品行业所带来的压力,三井将把控制食品工业的上游作为战略中心。

这段话与藤田在签约仪式上所说的话遥相呼应:"我们将在今年内在世界范围内投资10个食品项目,与六和的合作是第7个。"北京办事处的大西表示,这第7个项目,也是在中国的第1个项目。由此可见,"战略布局"的说法并非空穴来风。

2009年9月15日,三井物产株式会社与新希望集团达成了战略性业务合作协议。其中包括商讨成立合资公司。2011年1月20日,新井物产贸易有限公司在成都成立。注册资金6000万元,初期投资1.5亿元。2012年2月18日,原刘永好的秘书、新井物产贸易有限公司总经理陈小军发布新年贺词:2011年,新井物产销售增长200%,销售额超过6亿元。

生物能源在世界范围内的兴起,自然是三井所谓的经济发展及社会发展趋势。2007年4月份，巴西石油公司所宣布的和三井谈判收购巴西40家乙醇工厂的行动，也正是三井创造商业新机会的表现。

但是，在中国生物燃料的发展因与粮食安全产生了矛盾，因此受到国家政策的限制。三井敏锐地把握到了由此带来的中国饲料业中蕴藏的商机。饲料的主要成分是玉米，中国饲用玉米用量已超过1.1亿吨，占国内玉米年产量的64%，但随着用于工业的玉米深加工项目的发展，玉米供应日趋紧张。因此，中国政府必然力保玉米用于饲料业，以保证猪禽蛋奶的供应。那么，饲料业就必然成为控制和平衡上游玉米种植、进口和下游养殖业的"咽喉"，即三井的"战略中心"。

再来看上面提到的三井与六和的合作。六和向三井出售的，是由六和集团控股的辽宁阜新六和农牧有限公司的股份。这个公司的前身为阜新大江食品有限公司，成立于2002年5月，是上海大江（集团）股份有限公司、辽宁省阜新市第三粮库、阜新惠民房地产开发公司共同投资组建的股份制企业，从事饲料生产、种鸡繁育、肉鸡饲养和鸡肉深加工一条龙生产。此外，地方政府投资了2000万元帮助近千户农民建立起总计出栏量1000万只肉鸡的养殖小区，与公司进行配套。

谁知，2004年的禽流感使阜新大江陷入绝境，2005年亏损2386万元。最终不得不以一块钱的价格将所有资产卖给地方政府。

等到六和集团接手的时候，阜新大江留下的"遗产"只有一个年宰杀毛鸡2000万只的冷藏库、一个年产18万吨的全价配合饲料厂、一个年产商品代苗鸡2000万只的成套种鸡场。三井最感兴趣的，其实不是冷藏库和种鸡场，而是饲料厂。只不过，18万吨的生产量，在目前中国的饲料业实在是不值一提，还比不上山东六和1998年20万吨的水平。三井为什么要为此花数千万元？

甚至，为了阜新六和的股权问题，三井与六和还发生了一场不为人知的"争夺战"。

据新希望一位知情人士透露，从一开始，投资阜新大江是三井和六和的联手行动。

2006年，阜新政府开始在全国范围内招商，经过和不同企业的接触，最终选定了三井与六和的组合。具体的合作条件是：地方政府以零价格将阜新大江无偿送给三井和六和，两家公司必须注入资金盘活阜新大江，三井与六和各注入50%的资金，同时分别拥有50%的股权。

三井物产由于企业比较庞大，层层上报，许久没有下文。而山东六和则很快与阜新市达成了合作意向。12天后，在阜新市政府的主持下，六和受让了阜新大江56.47%的股权，六和集团共投入3000多万元。等三井总部指令下来的时候，阜新六和的鸡肉已经上市了。但三井坚持要参与投资。于是六和亮出了条件：三井如果还要投资，就必须溢价参股。这样，三井就由一个共同出资者变成了股权受让者，受让的比例由50%降至30%。

从3月份投资到10月份出让部分股份，六和集团7个月就赚了个上千万元。而三井呢？新希望集团内部人士说："吃了个哑巴亏。"

但是，"吃了哑巴亏"的三井并没有显露出丝毫郁闷。在合作双方一同审阅过的新闻通稿中，三井仍然将这次合作称作一个"良好开端"。

问题又回来了：为什么三井甘愿为阜新六和这个饲料界的"小萝卜头儿"受这种气？

目标锁定六和

很显然，日本人不是在"修身养性"。那么，这次"打碎了牙往肚里吞"的合作，对三井究竟意味着什么呢？难道18万吨的饲料厂就是所谓的"战略中心"吗?

此次活动的新闻稿中有一句话值得玩味:未来三井物产将和六和集团展开全面的合作。显然,三井的意图还在于与六和展开"全面合作"。

六和集团是一家发展速度非常快的企业。1991年刚成立的时候只是一个饲料营业部,1995年组成六和集团。其拳头产品饲料的销售量连续三年翻番:1997年10万吨,1998年20万吨,1999年40多万吨,2000年75万吨。从2001年开始,通过收购兼并方法,六和以每年10~15家新增企业的速度快速扩张,到2005年的时候,六和的饲料销量已经达到340万吨。

这就难怪三井会对六和感兴趣了。

对比另一家以饲料为主业的上市公司,就会清楚六和的市场地位了。通威股份有限公司2003年共生产销售各类饲料90.99万吨;2004年共销售各类饲料产品118.92万吨;2005年销售各类饲料产品173.19万吨。

有关资料显示,目前身兼新希望集团和六和集团董事长的刘永好关注山东六和,是从2004年开始的。当年新希望的饲料销售增长率只有不足5%。但六和则增长了60%。经过调查,刘永好发现了两家公司做法上的差别。新希望的做法是不停地自建工厂扩大规模,但是这种做法对于资金的要求很高,同时从投资到产出还有一个周期。但是六和则是以区域为核心,密集地采取兼并的方法,迅速扩大规模。当时六和仅在山东一地就有50多家企业,而新希望在全国才有60多家企业。

2008年的时候,笔者曾以《大生》杂志总编辑的身份赴青岛采访这家企业的副董事长黄炳亮,了解到这家公司高速成长的秘密。六和除了采取片区内密集发展、半径50千米之外不提供服务的策略之外,还有很重要的一点是轻资产扩张,具体而言就是合作双方均以现金注资,合作方提供六和要求的现成的厂房、设备,产品由六和全包销售。所有收入必须当天全部回到总部财务,财务再以第二天的预算下拨片区。鲁中片区的负责人告诉笔者,2007年该片区年销售额超过60多亿元。这样的企业，有眼光的投资家怎能不流口水呢？

很快，刘永好出手了，采用的竟是六和的惯用手法，2005年5月直接收购了六和50%的股份。当时媒体对此的说法是，合并之后，两家2006年的饲料销量将会突破600万吨，成为全国第一、亚洲第二、世界第七。

很明显，山东六和早已经是中国饲料业的老大，对于将饲料确定为中国"战略中心"的三井来说，自然是必须合作的对象。

采访时黄炳亮对笔者说，2009年六和的饲料销量将超过1000万吨。果然，六和2009年的饲料销量达到了1010万吨，占到全国总产量的9%以上。2010年饲料销量1300万吨，在中国排名榜首。根据新希望六和股份有限公司年报，2011年饲料销量为1540万吨，实现饲料收入445.78亿元。

三井战略VS刘永好战略

但是，虽然阜新六和有诸多优势，但是正如前面所说，三井的战略重心毕竟是饲料，而中国的饲料中心又毕竟是六和。而且，三井又决心未来与六和展开全面合作，既然如此，为什么不直接参股六和呢？

对于这个问题，有业内人士说，这不是三井一厢情愿的事。如果三井希望通过资本的力量控制六和，那岂不是没把刘永好放在眼里吗？刘永好当年并购六和的目的，就是把产业链做长，以此降低市场传导的风险。三井的介入很有可能会影响到刘永好纵向打造产业链的战略实施。

另一位市场人士表示了不同意见。他说，刘永好是否愿意出让六和的股份，要看他的资金链是否紧张。他继续分析道，刘永好整合产业链的战略思路，是用资本控股的方式去实现的。因此，他必须不断融资。

2005年并购六和，是刘永好"三链一网"中的"禽链"的开端，之后又由六和并购陕西石羊，再由六和与石羊继续并购陕西大象。2006年，新希望通过并购千喜鹤60%的股份，开始打造"猪链"，据千喜鹤高层人士透露，为了彻底打通"猪链"，千喜鹤正在尝试从上端打通养殖环节。

在与三井签约仪式的现场，一位从天津赶来的内蒙古某乳业公司经理表示，该公司正在与新希望谈收购问题。不言而喻，这应该归入刘永好的"乳链"。以上为"三链"，而一网指的是中国农村电子商务网。

据刘永好本人说，单纯一个"猪链"的打造，投资就应该在30亿～50亿元。以此类推，"三链一网"的打造成功，投入应该在200亿元左右。

但是，在资金问题上，尽管"希望系"是民生银行的大股东，但是从未从该银行贷过一分钱，而且上市公司四川新希望也已经很久没有增发和配股的举措，他的资金另有来源。

新希望集团北京办事处的陈晓军说，公司主业——农业曾经受到过"非典""禽流感"的严重打击，自然风险和市场风险都很大。为了保住主业，新希望横向发展了金融投资业务和房地产业务。这两项业务长年以来一直是公司的现金流提供者。

从四川新希望的年报上可知，该公司的金融投资每年为公司创造的利润均在1.5亿元左右。但是，许多评论人士认为，仅凭金融投资和房地产的盈利作为打造产业链的主要资金来源未必可行。实际上，为了打造产业链，四川新希望已经出让过赢利能力不错的化工业的股份。

笔者曾当面向刘永好询问融资渠道问题。他回答说："我们可以采取合作的办法，比如这次和三井的合作，我们出让一些股份，人家几千万元就进来了嘛。此外，我们还有房地产，国家还会给我们金融政策支持。"但无论如何，以资本控制的方法不停地整合产业链，资金必然始终处于饥渴状态。而资金，对于三井来说，恰恰不是个问题。

铁矿石谈判中的"三井方法"

但,参股从来不是三井的风格。

本文开头已经指出,三井从不采取欧美跨国公司通常采用的实业投资与资本控制的方法去布局。那么,当明确经济发展趋势、锁定战略中心之后,三井又将采取何种特殊的方法展开布局呢?原三井物产高级经理白益民用"中外铁矿石谈判"的案例,对此作出了解释。

三井物产与宝钢的合作可以说是全方位的。宝钢生产所必需的生产原料,来自巴西和澳大利亚的铁矿石,大多由三井物产等日本企业参股控制;这些铁矿石再由三井物产的成员企业"商船三井"运输到上海;其运输工具,大型矿砂船则是由三井物产的另一家成员企业"三井造船"制造的;宝钢产品的配送也有三井的参与,在流通领域,三井物产在中国拥有10个钢材加工配送中心,2002年12月初,三井物产还与宝钢合资3000万美元成立了钢铁流通企业——上海宝井;在产品销售上,三井与宝钢合作生产卷板,根据汽车、家电等企业特别是日本在华企业的需求,进行剪裁打孔等加工后销售;三井物产与日本日新制钢、宝钢在宁波共同兴建了中国最大的不锈钢厂;三井物产还联合宝钢和日本万株式会社(Yorozu)在广州合资建立了一个汽车悬架厂,开始直接向汽车制造业渗透;三井物产还给宝钢提供长期贷款。

不难看出,宝钢在资金、原材料、生产制造、运输、终端销售等每个环节都有三井物产的影子,宝钢几乎所有的需要,三井都可以满足。在得到巨大帮助的同时,宝钢也对三井形成了巨大的依赖。在宝钢快速升级壮大的同时,也不知不觉地被纳入了三井的势力范围。

然而,三井中国总代表副岛利宏并不赞成"势力范围"的说法。他认为,三井是在培育中国的产业。一份来自三井物产的内部资料显示,三井对于它所准备"培育"的企业，拥有满足该企业所有需求的方案和手段。白益民用三点总结了三井围绕战略中心布局的方法：一、控制原材料；二、提供所有可能的服务；三、将你的产品销售出去。他认为，三井布局完成后，合作企业在享受三井360°服务的同时，也存在较大的风险。因为，首先原材料受制于人，无法控制价格风险。

在2005年的铁矿石谈判中，由于钢铁企业与矿商无法达成一致，最后是由日本企业出面与三大矿商谈判，结果以涨价71.5%告终。白益民说，铁矿石涨价，对宝钢而言，几乎是一场灾难，而对三井来讲，无非是把钱从左手转到了右手。其次，加入三井布局将使合作者完全变成其产业链中的"加工厂"。因为三井在提供服务的同时，既垄断了你的上游，又垄断了你的下游。中国不是要做世界工厂吗？三井给宝钢安排的角色不正是满足了中国人的"心愿"吗？

在未来，六和会成为中国农业界的"宝钢"吗？对此疑问，六和集团的员工首先表示了反对。这位员工说：六和与宝钢不同，宝钢是钢铁制造企业，本身并不生产铁矿石，但是，六和正好占据了食品行业的原材料——饲料的顶端。

但业内诸多专业人士对六和员工的说法表示了不同意见。他们说，饲料也有原材料，那就是玉米。玉米目前已经面临着粮食安全的问题，如果三井在玉米供应上进行控制，六和不能说完全没有危险。而玉米，正是三井的经营内容之一。在经营玉米现货的同时，三井还进行玉米期货的套期保值，在国际现货市场、期货市场有着长期的经验。在1994年中国玉米紧张、2002年中国玉米库存过剩时，三井都曾抓住过商机，从中套取了巨额利润。相比之下，六和，以及新希望，在大宗粮食经营及期货交易方面均没有优势。

一 美元亏损与垄断"商权"

六和虽然已经具备了强大的生产能力,但是它在禽肉制成品市场的势力还基本上局限在中国境内,正像刘永好所说,与三井的合作是六和跨出海外的第一步。藤田也表示,他们首先要将六和的鸡、鸭、蛋产品卖到日本。打开国际市场的大门,几乎是中国每一个企业的梦想,所以当藤田表达这个态度的时候,六和方面的兴奋是可想而知的。

这也必然进一步加剧六和对三井的依赖。而这也正是三井进一步的战略意图。白益民明确指出,在三井眼中,中国就是日本的加工厂,中国的企业就是一个加工厂。除了控制原材料之外,三井还会配套地掌握"商权"。他说,三井可以给合作企业提供无微不至的服务,但是最终目的是换取产品销售的代理权。

日本学者小岛清认为,三井具备情报搜集处理、正式生产和市场开发能力,并能连锁运作,同时利用中介力在整体上保证联合全体的优势发挥,提高承受和吸纳风险的能力,并克服体系自身的缺陷,形成规模效益,达成良性循环。

陕西省社会科学院经济研究室副研究员梁仲勋说,小岛清的这一概括是最为精确而深刻的,三井参与生产企业和科技开发,其目的在于获取生产企业的贸易代理权。为中小企业提供金融融资服务,主要是出于贸易流通业务的需要,而非为了取代银行成为金融机构。

控制了资源,垄断了商权,就等于掌握了定价权。宝钢就是这样,原料成本由三井决定,卖出的钢材价格也由三井的钢铁本部掌控。宝钢只有固定利润,而且根据三井的利益需要,可以被削薄。

为了获得"商权",三井有时可以做亏本买卖。比如以100美元/吨的价格从美国粮商手中买进玉米,再以99美元/吨的价格卖给韩国用户。

对此，白益民解释说，表面看三井亏损1美元/吨，但通过期货市场、现货市场、船运市场等综合运作，还能获得可观的盈利。

三井由于掌握了众多稳定的客户资源、流畅的物流通道，凭借内部培养起来的"商品专家团队"，能够准确发现市场的变化方向，从而事先成交期货和贴水的合约。这样的合约实际上是虚拟成交，要想能够长期持续地兑现盈利，就必须不断地将现货交货客户。当三井在虚拟交易中有3美元的盈利时，它可以找机会转手合约给其他人，实现3美元盈利。但是，这样无法实现长期地盈利，只是短期的投机。所以，三井的做法是通过将虚拟盈利的一部分让给客户，通过价格竞争和综合服务获得稳定客户群，也就获得了稳定的市场和稳定而长期的收益。

美国粮商只要价格卖得好，并不在意是韩国客户还是日本商社与他们成交。反而，与日本商社成交可以省去他们的交货风险和繁琐程序。此外，三井由于有众多稳定客户群，可以做到用大船运输、多港卸货方式节省航运成本，从而获得额外的收益，甚至超过1美元/吨。同时，因为有大量的客户群，可以获得广泛的市场需求情报，为其虚拟交易的决策提供保证。对此，研究人士认为，其实，三井完全可以实现在其后市场上的投机，根本就不用让1美元/吨的利给客户。而它之所以这么做，根本的目的是要稳定客户资源，因为它从事的不是投机，而是贸易，是牢牢掌握住的"商权"。

复制不来的综合商社

三井的经营模式被称之为"综合商社"。那其他国家有综合商社这种企业组织形态吗？三井北京办事处的大西说："全世界都没有。只有日本有。"单纯就贸易而言,中国最大的粮油进出口商中粮集团与综合商社类似,是否也可以说是"综合商社"?"中粮不是综合商社。""中化曾经学过,但没有成功。"三井北京办事处的许小薇表示。

据了解,日本综合商社的成功曾经一度引起了中国政府的关注,也在部分国企身上做过类似的尝试。1994年12月,国务院批准中化公司首家试点综合商社,并把中国对外贸易信托投资公司划归中化,以加强其金融功能。中化按照日本财团的模式,实业、贸易、研发、海外同时扩张,混业经营,一时间,进出口业务之外的其他业务在营业额中的比重达到了52%,这种趋势很像20世纪六七十年代在日本崛起的三井。

当时的总裁郑敦训制订了雄心勃勃的十年计划:1995—1996年形成综合商社基本框架;1997—2000年,初步建成贸易、金融等产业功能健全的具有国际竞争力的综合商社;2001—2005年,建立以贸易为龙头,贸易、金融、产业紧密结合的综合商社型跨国公司。

但是,中化这个由贸易垄断政策扶持起来的世界500强企业,在综合商社的扩张思路的指导下,各路诸侯各自为政,在投资决策和资金管理上的独立性过于强大,公司财务处于失控状态。1997年亚洲金融危机爆发,中化几乎遭遇灭顶之灾。

1998年3月,刚刚从中欧国际工商学院获得EMBA学位的刘书德,从中国机械进出口公司总经理的职位上空降中化,开始"铁血削藩",两年多内,289家机构被关闭或出售,明确了主业,建立了集权管理模式;1999年年初,麦肯锡咨询公司被引入为中化设计管理流程和发展战略。最终确立了"一二三"战略——培养一种面向市场的核心竞争力,向上、下游两端延伸,兼顾国内外两个市场,积极进入与主业相关的高科技投资和金融服务领域。至此,综合商社思路完全被美国模式所替代。

有关学者分析认为,综合商社并不神秘,之所以不容易学习,是因为经过100多年的积累,综合商社已经具备了很难逾越的四大能力。第一个能力,是综合运作能力;第二个能力,是物流仓储能力;第三个能力,是情报信息网络;第四个能力,是金融运筹能力。

而这四大能力,正是三井实施完全不同于欧美的战略布局思路和独特的实现方法的基石。

刚刚开始的布局

三井与六和"全面"的合作开始了,三井将与六和展开怎样"全面"的合作?为了更好地理解这个问题,我们首先必须要知道,三井是什么?白益民说,也许因为日本人性格低调,也许因为战略布局的隐蔽需要,三井常常会淡化自己的行为,不留痕迹。

中国人向来以世界500强来衡量企业的综合实力。实际上,早在1993年,三井物产在世界500强中的排名就是第一,在其后的十年内也都基本排在前10位。在2006年降至第155位,而最新的2011年排名是148位。

排名之所以降低,是因为它的经营和管理相对于过去分散开来,更多的营业收入被计入到当地公司的账目中,而没有被显示出来,这是三井有意弱化人们对其巨大形象的认知。2004年,三井还将经营额最大的能源和矿产部门分立出去,进一步掩盖住它的巨大实力。

有人把三井比作"隐形帝国",这就使得没有多少人了解三井。在日本,三井被称为"从鸡蛋到卫星"生产所有产品的企业。三井物产在中国的副总代表魏林这样介绍三井:"问我们做什么,不如问我们不做什么。我们不做毒品,不做武器弹药。"魏林的说法可以理解为三井能为合作者提供360°的服务,让我们看一下在三井物产的网站上,三井是怎样描述与新希望的合作的:

同新希望集团旗下的六和集团就小型肉用鸡的合作事业，以对"阜新六和"的出资参与策划（2007）为契机，双方开始对话，从2009年开始正式展开合作。2009年9月就战略合作达成一致。创立合作公司"新井物产贸易有限公司"，就以下主要事业领域进行协议商讨/实行：①饲料原料的调配—贩卖（进口原料、国产原料）；②复合饲料技术改善、提升（引进日本的技术知识）；③饲料原料、复合饲料的流通改善、效率化；④运输手段、港湾仓库等饲料原料基础设施的完备；⑤零售、乳业、畜产领域等的协作、合作；⑥在其他事业领域的合作（化学品、资源等）。

从以上的合作内容可知，三井物产准备给六和提供的服务，包括从国外进口饲料原料，在国内进行采购、销售，及帮助构筑采购、销售和物流体系等。

2011年1月20日，新井物产贸易有限公司在四川成都家园国际酒店举办了开业酒会。作为六和集团董事长，刘永好的脸上充满了微笑，他希望借此契机可以借助三井物产丰富的海外经验，扩展出一条完整的海外农产品产业链。不过，当时就有媒体对此表示质疑。

其实，三井在中国农业的布局才刚刚开始，就像一个棋手，在棋盘面前凝神端坐了许久，才慢慢拈起一枚棋子，但迟迟未见落子。但是有对弈经验的人很清楚，三井的全盘布局已经在大脑中酝酿成型。当然，棋局的结果，只有经过中盘厮杀，到收官的时候才见分晓。

六和能否得偿所愿，还需要时间的检验。

第十一章
The eleventh chapter

肉业惊魂

对赌雨润输亦赢
"斩首"双汇为哪般
高盛是谁
说服中国不如"操纵"中国
高盛式危险
"潜鲸"在行动

肉业惊魂 | 第十一章

按照产业链的顺序，说完饲料就应该说"猪牛羊鸡鸭鹅"了，但是，以"猪"为代表的中国养殖业十分特殊，它是千家万户养，一般企业轻易不敢碰，所以，企业都是从上游的饲料，或者从下游的屠宰入手，发展壮大后大着胆子摸索进入养殖行业。前一章讲了刘永好的饲料，这一章呢，就讲讲肉类的代表——猪肉。

在中国，吃猪肉不能忘记两个人，一个叫万隆，一个叫祝义材。两个人分别被西方人称为"中国屠夫长"和"杀猪状元"。如果你对这两个人不太熟悉的话，那么你对他们手里的"双汇"牌火腿肠和"雨润"牌冷鲜肉一定不会陌生。

2011年，两个公司营业收入分别达到376.15亿元和323.15亿港元（合270.48亿元）。双汇的年报说，这一年共生产高低温肉制品76.66万吨；雨润的年报上说下游深加工肉制品业务产能达30.4万吨；双汇的年报又说，这一年一共杀了248.05万头猪，雨润年报则说它的屠宰能力已经达到4605万头。

据国家统计局的数据，2011年，中国猪肉产量为5053万吨。双汇在这个数字当中占1.52%，雨润占0.6%，两家企业加起来才2.12%。这与美国泰森、史密斯菲尔德等几家企业占全美总量50%的情况差距甚大。不过，这恰恰反映出这两家企业巨大的发展空间。这不正是投资者所希望看到的吗？

的确，美国的投资者不仅早就看到了这一点，而且已经下手了。

对赌雨润输亦赢

民营企业融资难早就不是什么新鲜事了,那些发展起来的民营企业在融资渠道方面常常另辟蹊径。因为银行贷款难、上市审批难,许多投资银行迅速发展起来。2005年,雨润在寻找资金时与高盛相遇了。

创建于1993年的雨润到了1995年,产能成为瓶颈。南京雨润的生产车间开足马力、24小时超负荷运转也无法满足销售的需求。于是祝义材想到了收购的办法,他在全国一口气收购了30多家国有企业。当然这需要很多钱。为了在资本市场上融资,祝义材先后收购了东成控股和南京中商。这就需要更多的钱。

祝义材当然没有那么多闲钱,怎么办?只有借,谁能一下子借给他那么多钱?只有外国的那些大投行。于是,高盛出现了。这是高盛的特点,总是能够在赚到大钱的地方准时出现。毕竟是国际级的大公司,出手就是阔,一下子就拿出了3000万美元,还拉上了长期合作的伙伴鼎晖投资(出资2200万美元)、新加坡投资公司PVP基金(出资1800万美元),一共凑成了7000万美元。钱自然不能白借,高盛要求占雨润上市后总股本的7.09%,鼎晖投资占3.5%。不仅如此,风险必须降至零。于是,双方签订了一个"对赌协议"。

对赌一词听来就刺激,一般是原股东和出资人约定一个年度利润,达到此利润出资人将出让一定股份给予对方作为奖励,反之,原股东必须出让股份,使对方获得控股权。

雨润和高盛等公司对赌的条件是:

若上市后的雨润食品公司2005年净利润在2.63亿~3.25亿元区间,中国雨润便需按特定系数将至多2.81%的已发行股份,转给高盛及其他投资者。如果雨润食品2005年盈利未能达到2.592亿元，战略投资者有权要求大股东以溢价20%的价格赎回所持股份。而如果利润超过3.25亿元，鼎晖、摩根士丹利、GIC在上市满1年后才可退出。

对赌是一柄双刃剑。

2004年14日，摩根士丹利、鼎晖投资、英联投资三家外资股东与蒙牛管理层签订了一份对赌协议，约定2004—2006年蒙牛的业绩复合增长率每年不低于50%，结果，牛根生赢了，2004年蒙牛乳业净利润增长率达到了68.77%。但是既是赌，有赢就有输，2005年1月，摩根士丹利、鼎晖投资与永乐电器签订对赌协议，结果永乐未能达到预期增长目标，管理层被迫割让股份，永乐被已经掌握控股权的外资股东卖给国美。

对于雨润来说，对赌同样存在变数。雨润食品2002年净利润为5517.8万元，2003年为9540.1万元，2004年为1.69亿元，增长率依次为72.90%、77.15%。雨润如果想赢，2005年的增长率最起码应该达到92.31%以上。这比之前两年的增长率高出将近20个百分点。要知道，祝义材在雨润食品所持的股份为51.53%，一旦净利润在2.63亿~3.25亿元区间的话，就要转让2.81%的股份给高盛们，这就意味着绝对控股权将从祝义材手中转移至高盛和鼎晖手中。

但祝义材敢赌，自然有他的道理。因为，2004年，猪肉价格出现了自1992年以来的第一轮上涨。据国家统计局数据，2005年GDP增长9.9%，社会消费品总额增长12.9%，这其中，当然包括猪肉消费量的增加。这给了祝义材信心。

利用上市募集的资金，雨润又连续完成了15宗收购，领域进一步扩张至湖北、湖南、江西、山东、河南、吉林等地。而且，十分幸运的是，当年发生的猪链球菌和禽流感没有感染雨润的工厂和产品，使其屠宰计划得以正常实施。

最终，雨润2005年以3.59亿元的净利润赢得了对赌。不仅没有失去控股权，而且根据协议，高盛、鼎晖一年内不得出售股票。

"斩首"双汇为哪般

投资雨润，似乎只是个序曲，不久之后，高盛、鼎晖又和另一家中国肉业巨头——双汇上演了一出好戏。这一出戏的跌宕曲折，简直让人叹为观止。

2006年3月，河南省漯河市吸引了中外媒体的视线，这固然因为世界级的金融大鳄如JP摩根、摩根士丹利、美国国际集团、新加坡淡马锡、高盛、鼎晖投资、英联等齐聚北京市产权交易所，等待竞拍漯河市双汇集团的股权。更引人注目的，则是双汇集团的东家——漯河市国资委挂牌起拍的价格——10亿元！

为什么这样说？2005年，双汇集团的销售收入超过200亿元，净利润就达1.07亿元，正处于高产时期。根据当时双汇集团挂牌的资料显示，截至2005年年底，其净资产为6.78亿元，市值达34亿元；双汇集团拥有上市公司双汇发展35.72%的股份，双汇发展当时市值为95亿元；双汇的品牌价值达106.36亿元。这么低的起拍价岂不是很令人生疑吗？

尽管最后以高于起拍价一倍的价格——20.1亿元成交，仍遭到了舆论的非议。国家发改委体改所国有资产研究中心主任高梁表示，在地方政府的鼓励下，跨国公司可以廉价收购中国骨干企业并控制经营权，最终在中国消除潜在竞争对手、垄断中国市场。原国家统计局局长李德水在2006年的全国政协会议上强烈呼吁，对于外资的跨国并购，一定要谨慎对待。

甚至有人直接将这次并购成为"斩首"中国肉业。

而据2006年5月的《三联生活周刊》报道,对于外资并购双汇,漯河市政府新闻办主任袁国亮表示:"双汇正处于发展的最好时期,此时转让国有产权,有利于国有资产收益最大化。政府一次性收回双汇集团公司国有产权的变现资金,投资地方经济建设就更加游刃有余。"

原商务部条法司副司长郭京毅也力挺高盛。他表示:"不是每个行业都涉及经济安全,一家火腿肠生产企业的并购,与经济安全的关系不大。"郭京毅因受贿于2010年5月被判死缓。

不管怎样,由高盛和鼎晖在这场盛宴中取得完胜的收购战一开始就充满了疑点。

4月29日,北京产权交易所发出公告:漯河市人民政府国有资产监督管理委员会将所持有的河南省漯河市双汇实业集团有限公司100%国有股权以20.1亿元转让给由高盛和鼎晖在境外成立的香港罗克斯特公司(高盛持股51%,鼎晖49%),罗克斯特因此间接持有上市公司双汇发展35.72%的股份。

仅仅10天之后的5月10日,双汇发展便发布公告称,其第二大股东漯河海宇投资有限公司所持有的25%的双汇发展股权,已作价5.62亿元出售给美国高盛集团的控股子公司罗克斯特。至此,高盛绝对控股罗克斯特,罗克斯特再以60.72%的比例绝对控股双汇发展的格局已经形成。

时至今日,谜底已经解开,我们回溯往事,可以看出这是一场高盛、鼎晖与双汇早就密谋好的、获得地方政府配合的,并经有关部门默认的并购大案。整个事件的驱动力主要来自两方面所形成的合力:一方面,双汇管理层借助更换大股东避开政策障碍实施MBO(管理层收购),实现产权转移;另一方面,高盛等提供MBO的通道以及资金支持,最后获得暴利。

根据计算,高盛、鼎晖通过分红已经获利7亿元。据公开资料显示,

中国农业**真相**

从2007年10月到2009年11月5日,高盛持续减少双汇集团的股权到15%,间接持有的双汇发展的股权,从30.97%降低到7.71%。2009年11月初,国外媒体突然爆出,高盛集团已经同意以1.5亿美元的价格,出售所持有的双汇50%的股权。2010年11月28日,双汇公布重组预案,根据该预案,高盛间接持有双汇集团的股权,已经由2006年的51%降至5.18%,间接持有双汇发展的股份已经降至1.1%。

当大幕拉开,高盛、鼎晖赚得盆满钵满,以万隆占14.4%股份、263名双汇员工持股的兴泰集团浮出水面成为双汇发展的大股东之时,我们才知道自己阅读了一部由作者早就设计好情节的现实主义"小说"。它是那么疑窦丛生而又引人入胜。

猪肉产业链示意图

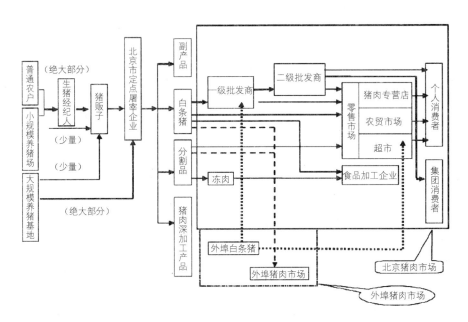

资料来源:中国畜牧业信息网

高盛是谁

高盛的英文名字叫Goldman Sachs，这是由两个人的名字组成的，即Marcus Goldman和Samuel Sachs，中文译名为马库斯·戈德门和山姆·萨克斯。前者是高盛的创始人，是一个犹太移民，在1869年创办了马库斯·戈德门公司，主要业务是收购珠宝店里的商业票据然后卖给附近的银行，赚取微薄的利润。开始的时候公司只有一个专职人员和一个兼职的记账员。1882年，马库斯的小女婿山姆·萨克斯加入公司，又过了3年，公司从翁婿两个人的名字中各取了一个字组成了今天的名字——Goldman Sachs。

从创始人的出身来看，早期的高盛并不煊赫。后来马库斯的儿子亨利接管了高盛。他和雷曼兄弟公司的创始人是好朋友，他们合伙做起了股票包销的买卖。不过他们的成功没有一直保持下去。原因是亨利认为是自己带来了客户，而菲利普·雷曼只是提供了资金，因此自己理应获得更高的声誉和超过一半的利润。1936年两家公司分道扬镳。从亨利开始，高盛已经烙上了"贪婪"的印记。

1929年，高盛迎来了自己的第一次噩运。随着大萧条的到来，高盛交易公司因违法导致股票一路狂泻，声誉受到灾难性打击。之后5年，高盛再没了做主承销商的机会。1929年的高盛几乎处于破产的边缘。

1930年，3年前刚刚成为合伙人的悉尼·温伯格被选为高盛的新领袖，是他带领高盛走出了困境，他的一项伟业是使高盛成为福特公司IPO的主承销商。悉尼·温伯格在1947年就结识了亨利·福特二世，这使他有幸成为这个当时美国最大公司的继承人的顾问。在之后长达十年的时间里，他始终为亨利·福特二世提供财务顾问服务，却从来不提服务费用问题。1956年1月，亨利·福特二世接受他的建议，发行价值7亿美元的股票。主承销商当然非高盛莫属,而且从此福特公司只接受高盛的服务。福特股票发行当天,温伯格的大照片登上了《纽约时报》的头版。

温伯格在高盛树立了出身卑微也能获得巨大成功的信念。他于1907年就进入了高盛,但很长时间里一直做杂务员,工作包括给高盛的合伙人擦皮鞋,每周领取3美元的薪水。他通过长时间"烧冷灶"赢得了福特二世的信赖,其坚韧的程度可见一斑。可以说,温伯格重塑了高盛的"客户至上"的文化理念。

温伯格之后,格斯·利维成为对高盛贡献最大的一位合伙人。他在温伯格领导的投资银行业务之外开辟了证券交易方向,风险意识从此进入高盛。高盛有一句名言——"长远的贪婪",就是利维留下的。这句话的意思就是只要长远上能够盈利,短期交易的损失不用担心。其实,利维带给高盛的绝不只是风险意识。他的经历告诉后来的高盛人,无论是谁,只要能够带来客户和利润,都能获得相应的收入和地位。这也成为高盛文化中的基因之一。

高盛的业绩不断创新纪录,但是也一再挑战商业道德的底线。1970年,当时美国历史上最大的破产案再次暴露了高盛文化中的道德缺失。宾州铁路案涉及70亿美元,后经官方证实,在明知宾州中央铁路正处于财务恶化,甚至走向破产的情况下,出于贪婪,高盛依然为其承销股票。这成为高盛发展中一再重复的现象。

进入20世纪90年代后,高盛发展势头强劲,1993年的税前利润达到27亿美元,富可敌国。英国《卫报》撰文指出,当时坦桑尼亚的GDP只有22亿美元,用于2500万坦桑尼亚人消费;而高盛年利润达27亿美元,在161个合伙人之间进行分配,平均每个合伙人可分配1677万美元。

截至2012年3月31日,高盛2012年第一季度净收入为99.5亿美元,净盈利21.1亿美元。第一季度薪酬福利支出(含工资、酌情发放的薪酬、股票奖励摊销以及福利等其他项目)为43.8亿美元。

在美国，高盛不仅是一个业绩突出的金融公司，而且是一个郎咸平所说的"权势集团"。它的权势有多大？

《纽约时报》一位评论员在2008年写道：在过去的几年中，高盛接管了大部分联邦政府；在未来的数年中，它可能会接管整个美国。甚至有媒体直接称呼高盛为"高盛政府"，而不是"高盛公司"。这主要指高盛出身的人遍布美国政界。下面是国信证券发展研究总部搜集的一份不完全统计的高盛人出任的官员名录：

乔舒亚·博尔顿	布什政府白宫办公室主任
史蒂芬·弗里德曼	布什政府外国情报委员会主席
约翰·塞恩	曾任纽约证券交易所首席执行官
鲁本·杰弗瑞	原美国国务院副国务卿
马里奥·德拉吉	原意大利央行行长、欧洲央行行长
罗伯特·鲁宾	克林顿政府财政部部长
亨利·保尔森	布什政府财政部部长
悉尼·韦恩伯格	原美国战时生产委员会副主席
约翰·怀特海德	原美国国务院副国务卿
罗伯特·佐利克	原美国国务院副国务卿

此外，高盛还是掌管美元发行权的美联储的最大股东之一。

在世界范围内，高盛对于各国精英阶层也有着巨大的影响力。

中国农业真相

说服中国不如"操纵"中国

2012年3月14日,一封来自高盛执行董事的辞职信刊登在《纽约时报》上,引起了大众对高盛的新一轮关注。这位名叫格雷格·史密斯的执行董事在信中批评高盛道德败坏,把顾客称为"傻瓜",通过"斧子"和"猎象"等手法以损害客户利益为代价赚取利润。

尽管高盛高层出面对史密斯的文章进行了极力的反驳,但该公司一些高管和雇员说,史密斯的话虽然极端,但也反映了他们对高盛的担忧。

更加令高盛难堪的是,高盛创始人马库斯的曾孙亨利·戈德门三世力挺史密斯。他认为辞职信切中已经蜕变了的高盛文化的要害。他认为格雷格·史密斯的文章反映了华尔街的普遍现象,需要"让买家意识到这一点"。在中国,高盛的情况似乎还没有在美国那么糟糕。在美国,高盛已经遭到官方机构的调查和监管,但是在中国,还只是停留在一些媒体的报道和个别民间人士的批评。

著名的财经作家叶檀在2010年6月发表于《新民周刊》上的一篇名为《高盛与权贵交易一拍即合》的文章中说:"高盛在中国投资市场上的角色并不是纯洁的天使,它们在带来市场理念的同时,也带来了贪婪、泡沫时代的疯狂与美国的灰色游戏。基本来说,高盛在中国投资市场身兼教父与大鳄之职,同时获取高级教练、主要选手之利,充分利用了自身在金融标准、企业估值方面的影响力,在中国资本市场或通过各怀心思的中国公司大获其利。"之后,她一一列举了高盛在中国投资的几个著名案例,点出了被高盛充分利用的、中国合作者各怀的"心思":

高盛投资中国金融机构利用的是中国金融机构急欲上市融资的急迫感。高盛对于航空公司燃料油名为套保实则投机的诱导,充分利用了自己在国际原油期货市场影响价格的能力；在双汇案例中，高盛还揣摩透了国内企业主们不惜代价、不顾诚信进行MBO的心理；而在西部矿业案例中，高盛对于矿业定价权的影响与中国企业对知名投资公司攀龙附凤的心理一拍即合；在高盛高华公司成立的过程中，高盛对中国金融业的监管规则、对于中国的高层公关学，使用得炉火纯青。

该文尽管题目点出了"权贵"二字，但是内容却基本没有涉及这方面的信息。但是在同年11月份的另外一篇文章中，叶檀直接将矛头指向了某些掌握政府机密信息的官员。该文的标题就极具冲击力——"谁向高盛、大摩泄的密？"叶檀说，政策的出其不意是中国政府的强项，但是"每逢中国有重大政策出台或调整之际，国际投行都能押准"。她举了一个例子，2008年8月，还是货币政策从紧的时期，但是摩根大通某经济学家在发给客户的报告中却说，中国的政策制定者正在考虑一项2000亿～4000亿元的经济刺激方案，并可能于年底前放松银根。叶檀评论道："此言实在精准，中国的政府机构那些泄密者，那些与国际投行过从甚密者能不汗颜？说轻了这叫泄密，说重了这叫出卖同胞。"

虽然叶檀并没有举出任何一个泄密者的姓名，但是她的分析却为高盛参与的很多事件提供了一个可以解释的视角。

英国外交政策研究中心曾经发表过高盛公司高级顾问乔舒亚·库珀·雷默撰写的一份研究报告《北京共识》，其中写道：

中国的长处可以自己照料，它的弱点才是需要人们帮助的地方，而正是在这些弱点上，中国仍然可以被操纵。试图说服中国做某些事情是非常困难的，而操纵它去做就容易得多了。

中国农业真相

> ■ 延伸阅读：格雷格·史密斯的辞职信

我为什么离开高盛

今天是我在高盛的最后一天。我在高盛工作了12年，最初在斯坦福读书时夏季来做实习生，然后在纽约工作了十年，现在在伦敦。我想我在这里工作了足够长时间，能够理解其文化发展的轨迹，理解其员工和身份。说实话，现在的环境是我见过的最有毒和最有破坏性的。

简单一点来讲就是，高盛的运行模式和赚钱理念把客户的利益放在次要位置，但高盛是世界规模最大、最有影响力的投行之一，它与全球金融的相关性太高，不能够这样做。从我大学毕业入职高盛至今，这家投行已经发生了转变，现在我不能够问心无愧的说我同意这家投行的立场。

文化曾经是高盛取得成功的重要原因，这一点对公众来说似乎有点出乎意料。过去高盛的文化一直围绕着团队协作、正直、谦逊，以及永远为客户的利益考虑。文化是高盛之所以能成为一个伟大公司的秘诀，帮助我们在过去的143年里一直赢得客户的信任。过去高盛的文化不仅仅围绕赚钱，因为这一点不足以使一个公司在这么长的时期里屹立不倒。高盛的人一直为公司感到骄傲，对自己所从事的事业充满信仰。然而，在过去很多年，我环顾四周，发觉曾经使我热爱这份工作的文化已不复存在，我不再为它感到骄傲，我不再对自己从事的事业充满信仰。

但情况并不总是这样。十几年来，我面试并招募了一批批新人，悉心指导他们。我和另外9名同事被拍进一段招聘视频短片，在全球各大高校播放。2006年，我从数千名应聘者中挑选出80名学生参加夏季实习计划，训练他们买卖和交易。

我知道，当我认识到自己不再能看着学生们的眼睛，告诉他们在这个地方工作有多棒的时候，就该离开了。

历史书描述高盛时可能会显示，高盛在首席执行官劳埃德·布兰克费恩和总裁盖瑞·柯恩的管理下，失去了对公司文化的掌控。我的确认为公司道德品行沦落是对高盛长期生存最大的威胁。

在我的职业生涯中，我有幸为全球两大对冲基金、美国五大资产经理以及中东和亚洲的三个最具影响力的主权财富基金担任过咨询顾问。我的客户拥有的总资产超过了1万亿美元。我一直以来都以为客户提供对他们有利的建议为荣，即使有时候这意味着高盛能从中得到的利润相对较少。然而我的这一观点在高盛越来越缺少拥护，这也是现在对我来讲是时候离开的另一个原因。

高盛是如何走到今天这个地步的？高盛对领导这个概念的定义已经改变。曾几何时，领导意味着理念、树立榜样以及做正确的事，而现在，如果你能为高盛赚到足够的钱，你就能够得到升职，拥有更大的影响力。

哪三个方法能迅速在高盛当上领导？（1）挥动公司的"斧子"，这是高盛内部的说法，指的是劝说自己的客户投资股票或者其他我们自己急于出手的产品，因为它们看起来不可能有很高的利润。（2）"猎象"，即让你的客户——他们之中有些人颇有城府，有些没有——进行一切能给高盛带来最高利润的交易。算我老派吧，我就不喜欢给自己的客户推销一款不适合他们的产品。（3）为自己找到一个职位。坐在这个位子上，你的工作就是交易所有流动性差的含糊产品。

如今，很多高盛领导人的做法让人觉得，高盛原来的文化已经不复存在。我出席衍生品销售会议，会上没有花哪怕一分钟时间来讨论如何帮助客户，而仅仅讨论我们如何能够从客户身上赚取最多的利润。如果

中国农业真相

您是一位来自火星的外星人并且参与到其中的一个会议,你会感觉到,客户的成功和进步完全不是会议的议题。

高盛的人在讨论如何剥削客户时麻木不仁,这让我感到恶心。在过去的12个月里,我耳闻了5名董事总经理将他们的客户称作"提线木偶",有时也会在内部邮件中这么说。不谦虚?得了吧。诚信?早就腐烂了。我不敢说那些行为是非法的,但有谁会明知投资不可靠或不符合客户需求,却依然将它推荐给客户呢?

让我惊讶的是,高盛的高层领导竟忽略了最基本的一点:如果客户不信任你,他们最终不会选择跟你做生意,无论你有多聪明。

如今,初级分析师最经常向我提出的问题是:过去我们从这个客户身上赚了多少钱?每次我听到这个问题就感到厌烦,因为这事实上反映了他们从领导身上学到的做事方式。让我们想象一下10年后的高盛:这些整天被教导如何把客户当"提线木偶"、如何抓取眼球、如何赚取报酬的初级分析师,不可能成为对社会有用的公民。

我做分析师的第一年时,不知道浴室在哪里,也不知道怎么系鞋带。我所接受的指导就是要努力学习,搞清楚什么是衍生品、学着理解金融、了解客户和他们投资的动因、了解他们如何定义成功以及我们如何能够让他们获得那种成功。

我人生中最骄傲的时刻——从南非到斯坦福大学求学获得全额奖学金、被选为罗氏奖学金在美国的终选角逐得奖者、在号称犹太人奥运会的以色列马卡比运动会上赢得一枚乒乓球比赛的铜牌——都经过了努力奋斗,没有走捷径。今天的高盛已经变得太注重捷径,不够重视成就。这让我再也没有好感。

我希望我的离开能够唤醒现在高盛的董事会领导。再把客户重新摆在你们生意的重点上吧。如果没有客户,你们一分钱也赚不到。事实上,没有客户,高盛根本不会存在。把那些道德败坏的人清理出高盛的大门。不管他们能为这家投行赚多少钱。把高盛的企业文化重新摆正，让真正的人才有足够的理由在这里工作下去，让那些只关心赚钱的人在这个投行无法立足，让客户对这家投行的信任一直坚定下去。

（原信为英文，张澄、若离、米小兜、潘凌飞、吴晓鹏翻译）

高盛式危险

高盛在中国通过巨大的政界影响力，先后获得了其他投行无法获得的优惠，比如1994年成为第一家获准在上海证券交易所交易中国B股股票的外国投资银行；再比如2003年成为第一批获得中国政府发放的合格境外机构投资者执照的金融机构；还有2004年，高盛高华的成立让高盛间接拥有了综合经营牌照，远超其他6家合资券商；2005年，入股工商银行。高盛凭借这些无可比拟的优势，分三路进军中国的实力产业：第一类是金融产业；第二类是实业类企业；第三是中小资本。

在近距离的观察之下，高盛完整的操作手法逐渐被媒体揭露出来。

据媒体报道，2010年11月11日，高盛分别向中国境内媒体和境外客户提供了内容截然相反的"阴阳报告"，一边通过媒体向国内公众唱多中国股市，一边向其客户下达卖出指令。第二天恒生指数开盘大跌，恒生国企指数跌幅高达3.02%。A股收盘沪指跌5.16%，深成指更下跌7%，两市创下2009年8月31日以来单日最大跌幅。而就在10月份，高盛减持了部分工行H股。

这一阴险招法遭到媒体广泛谴责，《人民日报（海外版）》甚至以《要警惕和打击操纵市场的国际资本大鳄》为题，不点名地指出这种翻手为云覆手为雨有操纵股指牟利之嫌。然而这似乎不影响高盛的运作，一年过去之后，高盛故技重施。据美国布隆博格报道，2011年11月30日，高盛向主要客户发送电子邮件建议停止对在香港上市的中国内地公司的股票继续投资，理由是，"中国经济前景正面临巨大挑战"，"我们已经不再建议投资者买进或长期持有中国公司股票"。而就在一个月之前高盛还连发报告表示看好中国概念股，特别是工行H股。但是不足四周，它很快卖出了17.52亿股工行H股。11月30日当日上证指数和深圳成指分别暴跌3.27%和3.34%，个股大面积跌停。

笔者对高盛的介绍似乎已经超出了农业，特别是中国农业与外资关系这个主题，但是笔者认为这是有必要的。高盛对于中国企业的控制，并不体现在对实业资源的控制上，它的办法是控制和操纵信息，而要控制和操纵信息，首先得有准确的信息来源，而要占据这个来源则必然对信息掌握者实施控制。因此，高盛控制的是人，通过对关键的精英人物的控制，从而拥有了对所有产业的控制权。从这个角度说，中国农业也在这种潜在的危险之中。

"潜鲸"在行动

当然，在关注高盛的同时，我们也不能忽视那些从实业入手进行渗透的肉业巨头们。这里笔者主要介绍一下美国泰森食品股份有限公司。这家名字与某位著名拳王一样的企业在《财富》杂志2011年度世界500强中列名食品公司中的第11位，仅次于益海嘉里的股东——新加坡丰益国际。从它2011年的年报中可以看出，其当年的营业收入为284.3亿美元，净利润7.8亿美元，资产总额107.52亿美元，员工人数11.5万。泰森瞄准的是中国的鸡肉市场。与发达国家相比,我国的鸡肉消费量偏低——发达国家的人均肉鸡年消费量超过50千克,中国却不足10千克;但这个差距正在不断缩短。和猪肉行业一样,中国的鸡肉行业中,行业前三名的企业加起来占据的市场份额还不足4%,投资前景广阔。

2001年5月,泰森与山东诸城外贸有限公司,共同创立了山东泰森大龙食品有限公司,以鸡肉半成品为主营业务,开启了泰森的中国之旅。

泰森为新合资公司引进了先进技术和管理方法,只用了3年,泰森大龙公司的销售收入就达到了1.4亿元,产品行销中国大陆、俄罗斯、日本、墨西哥、中东、韩国、新加坡及台湾等国家和地区。

此后,泰森通过合资的方式,开始不断拓展在中国的业务。2008年,与江苏省规模最大的肉种鸡生产基地——京海禽业集团合资,建立了江苏泰森食品公司,主营业务是商品鸡的养殖和生产分割禽产品。同一年,泰森又与中国领先的禽类企业——山东新昌集团签署合作框架协议,组建合资公司。

在选择合资公司时,泰森有自己严格的原则,一个是必须控股60%以上,另一个是只选择年产值4亿元以上的企业。除了在生产环节发力,泰森在销售上也有自己独特的优势,那就是与百胜集团(旗下品牌有肯德基、必胜客等)、沃尔玛等都有较为密切的联系,这都是让国内企业眼红的销售渠道。

但或许是不想太过招摇,泰森进入中国10年,低调至极,下属4家合资公司均无网站。在搜索引擎中,点击这些公司,打开的全部是泰森美国总部的英文网站,而在网站中,根本看不到中国企业的资料。在其年报中,倒是有些零散的记录,但是语焉不详。

不过,低调不代表不重视这个市场。江苏泰森成立时,轻易不露面的泰森全球CEO理查德·邦德破例亲自到场签约。在签约现场,他表示,以前泰森把自己绝大部分的精力都放在了美国国内,最近已经对业务有了新的定位，中国对优质新鲜鸡肉的需求逐渐增长，泰森的目标就是满足这种增长的需求。

满足需求不过是种冠冕堂皇的说法，用更实在的话说，是吞噬市场。如果说高盛像是盘旋空中的巨鹰，随时准备以迅雷之势捕获猎物，那泰森更像是一头"潜鲸"，深藏水底，躲在暗中，不动声色地吞噬着一切。中国庞大而分散的农业市场，正是它们最美味，而又志在必得的猎物。

但是泰森如此大力度又如此神秘的投资中国，毕竟引起了官方的注意。新昌公司合资之前遭遇商务部反垄断局的反垄断调查，似乎就是一个信号。

另据有关报道，泰森的这几家中国合资公司现在均100%属于泰森了。因何如此，人们不得而知。

第十二章
The twelfth chapter

猪魔咒

高盛养猪，原来虚惊一场
到中国养猪去吧，利润90%！
艾格菲没能成为"猪坚强"
时代变了
刘永好的"万言书"
规模化养殖与粮食安全
良种补贴补的都是洋猪
保护中国种猪，外资竟比国人热情高
宏观调控之"猪魔咒"

猪魔咒 | 第十二章

2008—2009年,人们发现了一个奇特的现象,相干的不相干的企业,纷纷开始养猪了。这其中有中国的,有外国的,有银行,有网站,可以说是五花八门,好不热闹。

2008年1月,重庆南方金山谷农牧有限公司宣布正式进入生猪养殖产业;

3月,中粮集团在湖北武汉投资的第一个生猪养殖项目启动;

8月,德意志银行注资6000万美元,获取上海宏博集团养猪场30%的股份。同时注资6000万美元参与宝迪农业产业集团;

9月,媒体报道:高盛在福建收购养猪场;

9月16日,泰国正大畜禽有限公司与湖南宁乡县政府签约,投资6000万元建设禽畜养殖核心示范场项目;

10月,新希望集团总裁刘永好宣布,总投资30亿~50亿元谋划打通包括生猪、禽蛋、牛奶食品在内的三条完整大养殖产业链;

2009年2月,网易CEO丁磊在广东省两会上透露,网易将投资创办生猪养殖场;

6月16日,复星集团宣布进入养猪业,江西国鸿借此引入战略投资1.6亿元;

同年,福州富强畜牧发展有限公司(好希普公司)发布公告:"力争成为中国养猪业海外上市第一股。"

以上这些消息中,有两条十分引人注目:

一、高盛养猪。正如上一章所写,此前高盛分别投资中国两大肉业巨头——双汇、雨润,引起超级轰动。而此次在福建养猪的消息,更容易被外界理解为向猪肉加工业的上游延伸控制力。外资控制中国生猪养殖、加工、销售全产业链的想象空间急剧放大。经济学者郎咸平通过媒体发布的观点更是冲击人的耳目:生猪养殖极为分散,高盛只要控制5%,就可能取得定价权。

二、中粮养猪。作为中国粮油界的大佬之一,中粮的一举一动常常会被媒体解读为平抑猪肉价格的政策动向。而中粮养猪后来被证实确实是获得了总理的直接指示。

在中外两巨头之间似乎无意之中形成了抗衡的格局。

高盛养猪,原来虚惊一场

高盛养猪的消息最早来自《中国经营报》,报道发布之后,舆论大哗。

高盛很快通过媒体表达了气愤之情:"高盛养猪之事,纯属子无虚有。都是某经营报捏造出来的。"针对高盛的说法,业内人士进行了驳斥:高盛在玩文字游戏,的确,高盛没有自己建猪场,也没有一个员工改行当猪倌,但不能说明高盛没有投资养殖行业。为了弄清真相,媒体顺藤摸瓜,终于搞清楚了高盛是如何"养猪"的:

首先,出面收购养猪场的是三家企业:江西南昌百世腾牧业有限公司、广西汇杰科技饲料有限公司、海南禾杰饲料科技有限公司，它们都是饲料企业，被收购的养猪场70%是三家公司的饲料业务的客户，对这些猪场的经营状况和人员构成等比较了解。这降低了并购的难度。另外，三家企业的收购，只是取得养猪场里的生猪的经营权，而不包括厂房、设备等固定资产。除了收购，它们还计划在此基础上再自建共计60万头以上的规模化养猪场，使自身可控猪群在100万头以上。

作为合作条件，被收购的养猪场必须购买三家饲料企业的饲料。

那么，这三家企业又是什么关系呢？其实，它们都是美国纳斯达克上市公司艾格菲的子公司。2006年10月31日，百世腾牧业公司下属的南昌百世腾和上海百世腾与壳公司Wallace Mountain Resources Corp.签订换股收购协议，壳公司改名为艾格菲，百世腾牧业持有80%股份。12月，公司收购广州汇杰。2007年8月借壳上市纳斯达克主板。至2010年3月，公司直接或间接控制43家子公司。查阅公司股东资料可以发现，2008年的时候，高盛持有约5.2万股艾格菲的股票，占艾格菲总股本的0.16%。艾格菲称，艾格菲从没有向高盛融资，也未向其配售过股票，高盛所持股票应该都是其通过二级市场购买的。

包括高盛在内，共有53家国际投资机构持有艾格菲的股票，如老虎基金、巴克莱银行、瑞士信贷、花旗银行、摩根士丹利、美林等，占艾格菲总股本的19.5%。其中，持股最多的是德意志银行，占4.4%，其市值超过1亿元。这样看来，"高盛养猪"之说并非空穴来风，只是郎咸平的观点有些捕风捉影。且不说艾格菲的40多万头猪在每年6亿多头的全国总产量中占比只有约0.06%，如大海中的一滴水，单说高盛所占的0.16%股份，同样是微乎其微，即使所有外资加起来总比例也不过19.5%。大股东仍然是创业者。

到中国养猪去吧，利润90%！

艾格菲的创始人是四个大学生，带头人是熊俊宏，他们的专业是畜牧兽医，最初创办的是以预混猪饲料为主营业务的公司。尽管公司采取了直销的办法，净利可以达到10%，但是由于行业增长缓慢，公司一直是一个不起眼的小公司。

"我们一直在寻求突破。包括改进营销和技术，但是感觉远远不够。"创始人熊俊宏说道。诱导他们改变商业模式的，是1992年以来继2004年之后的第二轮猪肉价格的上涨。商务部统计数据显示，2007年下半年到2008年年初，猪肉价格一路上涨，最高达到22.88元/千克，涨幅同比超过40%。

中国生猪产量占全球一半！仅这一个概念就够美国的投资者睁大眼睛了：这一定是一个Big Business！艾格菲致信投资者：到中国来养猪吧！利润90%！于是这家饲料企业以养猪的名义融资一举成功。

应该说，艾格菲并没有给股东们纸上画饼，而是很快让他们尝到了甜头。年报显示，艾格菲2008年实现营业收入1.43亿美元，较2007年增长了295.46%！其中饲料收入为5175万美元，占总营收的比例为36.19%，该项收入比2007年增长了43.48%。收入中最醒目的就是生猪。2007年这项收入仅有不足100万美元，2008年产能扩大到65万头，实际销售生猪41万头，收入达8979万美元，占总收入的62.79%。

这一下股东们激动了，就差高喊"中国万岁"了。

2009年6月11日，伴随着大教堂钟声的敲响，艾格菲2009年股东大会在美国著名的费城胜利召开。尽管2008年下半年中国养殖业开始低迷，但是美国人已经被中国猪的概念按摩得难以消停。9月，艾格菲入选衡量全球农业的30支股票之一，12月，被《福布斯亚洲》杂志评为2009

年亚太地区最佳中小型上市公司200强。国际畜牧业巨头海波尔、M2P2先后与艾格菲建立战略性合作关系，海波尔提供世界最优质的品种，M2P2则是美国的养猪龙头企业，有着丰富的经验。简直是三剑合璧，天下无敌！

在一切振奋人心的消息中，艾格菲把目标定在了年产生猪250万头！

艾格菲没能成为"猪坚强"

艾格菲的火速蹿红，可以说是正当其时。

在中国，猪肉价格上涨是一个长期趋势，其原因包括通货膨胀、饲料成本推升，也包括一些疫情不定期的爆发。但在长期的趋势中，又会有周期性的波动，出现价格的暴涨暴跌，周而复始。

关于这种现象，西方经济学家提出了一个"蛛网理论"，用专业一点的话说就是"某些商品的价格与产量变动互相影响，引起规律性的循环变动理论"。1930年，美国的舒尔茨、荷兰的J.丁伯根和意大利的里奇各自独立提出了这个理论，由于用图形来表示连续变动的价格和产量，就好像一张蜘蛛网，后来就被英国的卡尔多命名为"蛛网理论"。

2004年，猪肉价格上涨，养殖户开始增加产量，以致2006年年初出现供大于求。价格下跌，养殖户补栏不积极，年中爆发的高热病，使得养殖户更加不愿补栏。这样，价格重新进入上升通道。蛛网效应启动了。

2007年下半年，为了提高养殖户的积极性，国家连发了七道"金牌"，通过保险、免税、补贴等形式保障养殖户的利益。但是，2008年

1月份，南方雪灾突然袭来，冻死了几百万头仔猪，这大大削弱了政策的效应。猪肉价格再创新高，而仔猪（又称小猪、猪苗，指刚出生的小猪，30千克以内的都可以算是仔猪）出现了天价，广东、湖南、浙江、福建、湖北等地的仔猪居然卖到了1000元一头！2006年上半年什么价格呢？100元三头甚至五头。许多业外资本也是在这个时期看到了生猪养殖利润的高企，以及政策对规模养殖的支持趋势，开始一哄而入，也顺带成就了艾格菲。

但是，其中潜藏着的巨大后市风险被人们的热情所掩盖了。4月份之后，活猪大批出栏，活猪价格迅速下降，连锁引起仔猪价格下跌。6月底，母猪从最高点的2300元/头跌破2000元。到了2009年年初，仔猪的价格跌到了20.23元/千克，年底继续跌至17.63元/千克。比2008年4月份的38.2元/千克下降了53.85%。

随着周期性的价格回落，艾格菲金光闪闪的业绩也开始蒙上了灰尘。2009年，艾格菲出售了68.1万头生猪，比上一年增加了66.1%。但是每头价格由2008年的219美元跌至161美元，下降了26.48%。销售收入仅从8979万美元增长至10964万美元，增长率仅为22.11%。

2010年，收入在扩大、利润在下降的反向交叉线在艾格菲的财报中继续延伸。一季报显示，该公司收入5286万美元，同比增加1943万美元，但是营业利润为162万美元，比上年同期的318万美元减少49.1%，净利润更是从上年的302万美元大幅减少至107万美元，降幅达64.6%。

艾格菲最终没有做成"猪坚强"，2010年8月，艾格菲宣称由于市场不佳，撤回饲料上市计划。

1999—2010年中国生猪出栏量 （单位：万头）

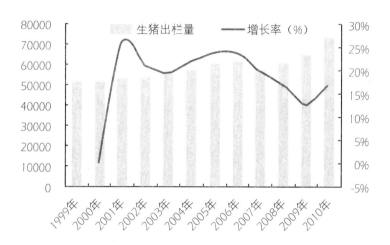

2004—2010年玉米和豆粕连续报价

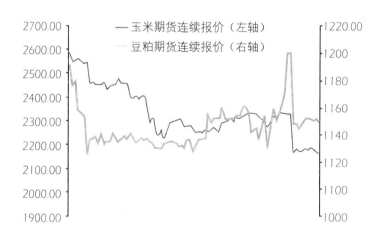

资料来源：以上两图来自Wind数据库

2004—2011年全国鲜猪肉批发价格变化　　（单位：元/千克）

资料来源：商务部

时代变了

从蛛网现象可以看出，在中国，还没有哪一个或哪几个企业可以控制猪肉价格，即使像郎咸平所说掌握了5%的猪源，也无法抗拒广大养殖户根据当期盈亏无形之中进行的选择。除非像美国那样，前三家龙头企业的市场占有率达到65%。而这个目标，即使如双汇、雨润这样的排头兵，仅靠现在的模式也是无法达到的。作为屠宰巨头，如果不能实现规模化养殖，就难以继续扩大甚至维持现有的屠宰规模。

2011年的"瘦肉精"事件，不仅使万隆下了"头头检"的铁手，而且促使双汇开始向上游生猪养殖行业发展。根据双汇官网资料显示，其生猪年屠宰能力已达到3000万头,但是根据其2011年年报显示,当年屠宰生猪只有248.05万头,产能利用率仅有8.27%。而又据双汇集团官网介绍,双汇自有的生猪养殖场只有两个:双汇九鑫牧业有限公司和双汇万东牧业,前者以生产种猪为主,而种猪并不是屠宰的对象;后者年出栏种猪、商品猪12万头,这个数字仅占248.05万头的实际屠宰量的4.84%。也就是说,双汇的猪源自给率只有不足5%,超过95%的猪源需要向猪贩子收购。

雨润的情况与双汇相仿。其年报说,2011年其屠宰产能达到4605万头,当年实际屠宰数量年报中没有披露,不过根据产出的肉制品数量推算,应该在100多万头。产能利用率应该不足3%。2008年笔者曾与雨润驻京办事处的负责人接触,对方透露,经过猪蓝耳病之后,许多养殖场倒闭,祝老板开始大规模低价收购,目标是年内达到1000家。

规模化养殖的商机究竟多大?散养户们又是如何看待未来的养殖业呢?中国的养殖业会因为"蛛网效应"而彻底转变吗?为了解答这些疑问,笔者在2008年7月派记者到北京市房山区做了调查。下面是记者和养殖户彭淑华的一段对话:

记者:你是什么时候开始养猪的?

彭:2004年。2004年之前因为猪市不景气,养了一段时间不养了。

记者:最近几年每年都养多少头猪?

彭:2004年8头;2005年4头;2006年16头;2007年16头;今年14头。

记者:你养一头猪的成本是多少?

彭:一头40斤的小仔猪需要400块钱,养到200斤的话,需要饲料500斤左右,大概要花去500~600元。

记者:包括防疫的成本吗?

彭：防疫在我们这边基本上不花钱，都是免费的。

记者：猪出栏的价格是多少？

彭：每市斤7块钱。

记者：按照现在的行情，一头猪的成本1000块钱左右，以200斤生猪计算，7块钱的市价，一头猪只能赚400块钱左右。

彭：差不多是这个样子。

记者：仔猪呢？

彭：仔猪价格浮动较大，去年10块钱一斤，今年开春20块钱一斤，现在降了一点，18块钱一斤。

记者：你养的一直是母猪吗？

彭：不是，以前我养的是肉猪，从今年开始我养的有母猪。

记者：养了几头母猪？

彭：我今年养的14头猪里，有6头是母猪，这6头母猪是我今年3月8日买来的。

记者：以什么价格买的？

彭：我是从良乡那边的养猪场买来的，其中，两头大白母猪一共花了3400块钱，4只长白小猪用了5200块钱。

记者：我记得这里以前都是养本地土猪的，为什么改从养猪场买进口种猪了呢？

彭：主要是考虑以后的发展，养土猪没有前途。

记者：考虑过继续补栏吗？

彭：这要看我这回的仔猪能不能卖个好价格，如果行情好，我打算扩大养猪规模。我丈夫说了，如果行情好，就去外边搞养猪场，家里地方太小。

记者：养猪这么多年，你感受最深的是什么？

彭：盈亏不定。虽然我一直在养猪，但是好几次卖价高潮我都没赶上。今年春天生猪的价格是每斤8元,结果我没赶上,我去年6.4元卖的。

记者:以你养猪的经验来看,今后的猪市怎样?

彭:我不知道养猪场的情况如何,但是我知道在农村养猪的人已经不如以前多了。村里到外面打工的妇女,每个月收入900块钱,而我养猪要赶上她的收入就必须3个月出三四头猪,这很难的。不过我看好养猪,还是因为农村养猪的人少了。以前人们追着买猪的人卖猪,现在买猪的人追着养猪的人买猪。这说明时代变了。

记者:现在养猪能获得的补贴有多少呢?

彭:能繁母猪每头补贴100块。

记者:既然你之前没有养母猪,今年为啥养呢?

彭:我是看好猪市,就觉得养猪能赚钱,再加上国家的政策也好,有补贴,能够减少一部分养猪成本。

刘永好的"万言书"

彭淑华的语言是质朴的,但是处于养殖行业前沿的她感觉却是敏锐的,她虽然只养了十几头猪,却意识到"时代变了"这个大命题。

拥有同样感觉的当然不只彭淑华这个小养殖户。在众多进入上游养猪行业的企业中,笔者最为关注的还是刘永好的新希望集团。在采访期间,笔者得到了一封刘永好上书给中共中央的"万言书"。在这封信里,刘永好说,经过长期的调研,他发现随着城市化进程的发展,大批农村人口进入了城市,这就为现代规模化农业打开了巨大的想象空间。根据中国社会科学院发布的城市蓝皮书报告,2008年城镇人口突破6亿,达到6.07亿,城市化率为45.7%。刘永好在信中说:"当农村'身强力壮去打工,精兵能人去创业'之时,'老弱幼小留家园'则改变了农村人口的结构。在这种格局下,小规模的农业养殖继续弱小,而现代的规模化养殖企业没有跟上,这就造成了养殖规模与需求之差,使得农产品价格特别是肉蛋类产品价格上涨。"

进城的人口大约有多少?根据刘永好的估算大约是2.5亿。这其中包括出省和在当地城市就业,以及在当地城市创业,和一起离开乡土的约5000万人的家属。刘永好后来向媒体说,温总理认可了他估算的人口转移数量。刘永好告诉笔者:市场的需求、政策的力量、农民的意愿、企业的方向,这四股力量凝聚在一起,必然会开辟中国农业的伟大变革,这个变革的方向就是现代规模化农业。也是从这时起,新希望集团就开始用"世界级农牧业企业"来替换"中国最大饲料企业"的名头,并且通过并购迅速发展养猪产业链。

为此,新希望集团在河北宽城的100万头养猪基地正式启动建设;在绵阳三台县,滚动投资2.5亿元建设30万头优质商品猪养殖基地;在河北徐水县建设30万头可追溯生猪繁育示范基地;在乐山打造四川首条现代规模完整生猪产业链。

规模化养殖与粮食安全

那么未来是不是农民全部进城,中国的猪业全改大规模养殖,留守农民就地变成养殖场工人了呢?恐怕也不是。首先农民不可能全部进城,起码笔者有生之年不作如是想。其次,散养也未必全是缺点,消灭散养论既不可取也不可能。其实散养有着许多天然的优势:一、充分利用农作物副产品等非常规饲料,减少饲料用粮;二、大量使用农家肥,改善土壤团粒结构；三、与大型养殖场相比，机动性强，较易规避市场风险。

而规模化养殖面临的一个重要的问题，就是饲料。与家庭散养不同，目前我国生猪养殖推广的是"玉米-豆粕"型饲料配方，就是说饲料中有60%是玉米。那么养一头猪需要消耗多少饲料呢？前边彭淑华已经回答我们了，大致500斤。但是，那只是仔猪生长所需要的饲料量。母猪在妊娠期每天的食量大约是2.5千克，妊娠期为114天，按一年产子两次计算，所需饲料=2.5千克×114天×2=570千克；泌乳期28天，每天食量5千克，所需饲料=5千克×28天×2=280千克；空怀期81天，每天食量2.5千克，所需饲料=2.5千克×81天=202.5千克。母猪一年共计食用饲料1052.5千克。根据农业部统计，2010年1月份，中国能繁母猪存栏量为4870万头，按玉米在饲料中占比60%计算，那么假设所有的猪都食用"玉米-豆粕"配方饲料，当年仅能繁母猪消耗玉米即为3075.4万吨。另外，仔猪每年消耗500斤饲料即300斤玉米，由中国畜牧业协会编制的中国养猪业年度报告称，2010年，全国出栏生猪66700万头，那么共消耗玉米10005万吨。把能繁母猪和出栏生猪消耗的玉米数量加起来就是1.308亿吨。

而实际上，据农业部全国饲料办公室统计，2010年饲料用玉米消费量为7470万吨。换句话说，如果全部采取规模化配方养殖，那么将在现有的基础上，增加玉米消费5610万吨。需要增加两个多吉林省的产量（吉林2010年玉米产量为2150万吨）。如果加上牛、羊、禽的饲料，恐怕把全国玉米全部用于饲料也不够（2010年中国玉米总产量为1.77亿吨）。

延伸阅读：我国生猪生产者类型

冯永辉曾经是《大生》杂志的生猪产业研究员，他根据自己的调研对养殖模式的变迁有过深入的研究。他把目前的生猪生产者分为五种：

第一种是专业育肥养殖户。就是专门负责把仔猪养大出栏上市，养育过程4个月左右。投入成本小，周期短，风险较小。

第二种是专业母猪养殖户。有"中国生猪生产发动机"之称。他们基本上完全依据当下的价格决定是补栏母猪还是宰杀母猪。由于生猪生产周期较长，母猪养殖户的决定所发挥的影响起码要延续一年。生猪供应会因母猪养殖户的决定长期受到限制，行情也将因此大幅跳动。他们对育肥专业户的依赖性较强，应对市场风险的能力较弱。

第三种是小规模自繁自养养殖户。圈养母猪在10头以下、年出栏量在200头左右，这个级别的自繁自养户基本都是从专业母猪养殖户过渡来的。通常的情况下，猪肉行情下跌，仔猪价格不好，专业母猪养殖户舍不得低价卖仔猪，就留着自己养，直至养到出栏上市，但往往在出栏时，仔猪行情就会好起来。最后就由养母猪卖仔猪变成自繁自养。这部分是中国养殖户的中坚力量。

第四种是中大规模的自繁自养养殖户。母猪存栏量在50头以上，生猪出栏量在1000头以上。这种养殖户已经转变为企业，因为这个级别需要超过100万元的资金和一定的管理技术。

第五种是一条龙养殖企业。严格来讲，这不能仅仅称之为养殖企业，也许用"食品集团"的名字更能概括它的特征。这种企业上连种植业、饲料加工业，下连屠宰加工、零售业，从产业链开端至末端，实现了大幅增值。它们有的是从饲料行业向下延伸至养殖，比如艾格菲；有的是从饲料延伸至养殖再至屠宰,比如新希望;也有的是从屠宰向上游伸展至养殖,比如双汇、雨润。

良种补贴补的都是洋猪

不过,当我们仔细审视猪产业链上的各个环节的时候,发现了一个值得玩味的细节,那就是外资表面上避开了中国企业风头正盛的屠宰和养殖环节,但却掌控了另一个环节——育种行业。

前面的章节中,笔者以玉米种子为例介绍了植物种子行业的竞争情况,虽然玉米种子面临外资种子"先玉335"的咄咄逼人,但是国产种子并不逊色,前有登海系列种子,后有"郑单958";水稻种子则有袁隆平的杂交水稻一统天下;小麦方面"济南一号"也拉开了中国强筋小麦的新篇章。相比之下,畜牧种子则几乎成了外资的天下。

一位名叫"guozhonghong"的网友在猪E网论坛上发了一个题为《我们为什么要养洋猪》的帖子,指出了目前洋种猪走红中国的问题:

中国生猪生产的整个基础已经沦落。

中国有世界最为丰富的种猪资源,自己不好好研究,却跑到国外去大量引进种猪,使中国成了世界最大的各国种猪母猪扩繁场。因为检疫把关不严,许多国外的猪病也被引进来了。

外国引进中国猪是为了培育改良种猪,中国引进外国种猪是为了扩繁。中国把外国猪定义为良种,本地的定义为土猪,养良种猪可以享受补贴。在此等政策的多年打压下,许多国内的优良地方品种处于濒临绝种的危险,有的已经绝种。国外品种的猪到了中国水土不服,容易生病,增加了防疫成本，尤其是用药物保健，药物残留影响到了食品安全。

其实，最主要的还是利益在作怪。你卖国内改良品种的母猪不值钱，你要是说卖进口的种猪，动辄就是数千或上万的，其间的利润是多么可观。

帖子十分情绪化，不过中国的养殖企业不断引进国外的品种并以此为荣也确属实，越陌生，甚至越拗口的洋猪名似乎越尊贵，花费重金也在所不惜。华南农业大学动物科学学院教授、农业部"948"重大专项之"猪遗传评估技术的引进与中国优秀种猪核心群繁育体系的持续发展"项目的首席专家陈瑶生提供的数据显示，在中央政府项目支持下，从美国、加拿大、英国、丹麦等养猪先进国家每年引进大约克猪7208头、长白猪3779头、杜洛克2198头，引种耗费外汇超过1亿美元。国外的种猪售价奇贵，一般都在每头两万元以上。2008年9月10日的《长沙晚报》，以《世界顶级种猪最贵4万元1头，猪舍堪比五星级宾馆》为题，报道了唐人神集团从美国芝加哥引进600头"金猪"的新闻。这批金猪贵的高达4万元，最便宜的也要两万元。同样是这家唐人神集团，时隔4年之后又与美国华特希尔育种集团投资合资公司，将在美国印第安纳州购地600亩，建设1200头母猪规模的原种猪场。谈起到美国建立种猪场的起因，该集团说，由于种猪血统核心数据由外方控制，我国通常只能通过种猪外形、基本性能等经验来判断优劣，使得中国的育种出现退化。而"美神国际"投产后，可共享美国排名第一的华特希尔种猪基因资源，能直接对中国种猪进行改良，并拥有自主知识产权，从根本上使中国种猪走出"引种—退化—再引种—再退化"的怪圈，打破国际市场对种猪的长期垄断。

这种出发点固然是好的，但是究竟能否如其所愿，许多人士并不乐观。

陈瑶生从专业角度对我们引进的所谓"先进品种"的相关指标做过

统计：中国的商品猪出栏率一般在130%左右，而发达国家在160%以上；我国每头母猪产出的仔猪数量为15头，发达国家却达到了22头；每头生猪提供的猪肉平均重量，欧盟、美国都在144千克以上，日本、韩国分别为130千克和140千克，而中国只有99千克；我国商品猪的瘦肉率平均为50%，而发达国家一般在60%以上。

这样一看，问题就出来了，既然引进的猪种和国外的良种是一样的，为什么会出现这些差距呢？广东建邦农业股份公司的曾毅在一篇论文中写道：

大部分种猪场从国外引进原种，无可避免地慢慢退化，具体原因何在？首先我们引进的原种猪可能就是"二级品"，是国外育种公司自己选留后的剩余品。我们常常会发现同一批引进的原种在体型外貌和生产性能上都存在较大差距。……

其实发现这些"差距"并不难，但是崇洋媚外之心已经渗透到了地方政府的政策实施过程中了。以河南省公布的2011年连续三批生猪良种补贴名单为例，在37个项目县（市）上报的260个良种养殖场当中，253家上报的"良种"全部为杜洛克、长白、大白这"洋三元"，只有极少的几家上报的品种中有本土猪种。

保护中国种猪，外资竟比国人热情高

畜牧遗传专家指出，中国畜牧种子的弊端在于"重引进，轻选育"。只看到外国种子的优点，忽视本土种子的优点，这正是猪种循环性退化的原因所在。对于中国人来说，这并不是什么新鲜事。

1840年之前，中国在畜牧种子方面与外界联系甚少。但是当西方的坚船利炮摧毁中国的大门之后，一切都是西方的好了，从工业基础到文教政治，全盘西化成为有识之士的矫枉式选择。晚清著名的大学者，也是中国农业的开拓者罗振玉就提倡中国农业改良，改良的途径就是"种子移植"，他说日本通过改良已经取得了明显的成效，中国应该追赶上去促进农业进步。

进入民国，引进之声日盛。特别是畜牧界的一些对中国和国外畜禽品种特性有深刻认识的人，纷纷指责中国畜种性能的缺点，为引进欧洲品种造舆论：英国纯血种马跑1英里用1分零2秒，而中国马则需5~6分钟；英国挽用马，1马可挽重500余千克，而中国马只能挽300~350千克；荷兰牛每日产乳15~20千克，而中国牛仅产3.5~6千克；牛肉产量，英国短角牛每头可产750~800千克，中国牛则不过250~300千克；中国绵羊产毛量，每头不过1~1.5千克，而美利奴羊可产5千克以上。至于鸡蛋产量，来航鸡年产蛋可达300枚，而中国鸡只产七八十枚。

洋猪真的比国猪强吗？

其实，洋猪和国猪各有特点，洋猪生长速度快、瘦肉率高、饲料转化能力强，但肉质较差，国猪具有繁殖力高、肉质好、抗逆能力强的优点，但脂肪含量大。正是互有优缺点，猪种选育才成为一件重要的事情。

但中国却在"重引进，轻选育"的道路上走了太远。

2000年8月，农业部发布150号公告，发布了国家级畜禽资源保护品种目录，其中包括19个地方猪种，使地方猪种的保护工作再次提到议事日程。但是实际保护工作却举步维艰。重庆畜牧站研究院范首君2002年曾考察过我国一些著名猪种的保护情况，不少著名地方猪种场内保种群体缩减、血统数下降，某地方猪种20世纪90年代初兴旺时，单品种场内保存群体规模达500头以上，血统数22个，但2002年保存的群体规模不足

100头，血统数仅5个。

与国人热衷引进洋猪种相反，外资种业巨头却纷纷进入中国，利用当地猪种资源培育优良品种。美国PIC公司、美国沃尔多（华多）公司、荷兰托佩克种猪公司、加拿大海波尔种猪公司等世界知名农牧企业在中国建立的合资公司、研究所和种猪场遍布中国各地。

中国的种猪资源到底有什么价值？中国人不知道，外国人却很清楚。你可能不知道，现在引进的各种洋猪都是西方猪种和中国猪杂交的后代呢。这在《大不列颠百科全书》中是有明文记载的："现在欧洲的猪种，是当地的猪种和中国猪种杂交而成。"英国生物学家达尔文也说："中国猪在改进欧洲品种中具有高度的价值。"

18世纪中期，具有广东猪血统的良种就取代了英国纯土种猪，成了英国人的最爱；1816年，美国的华莱士从英国引进了两头母猪和一头公猪，最后杂交改良成为著名的"波中猪"，而引进的三头猪都是中国猪的后裔；1818年，英国的约克夏猪曾叫做"大中国猪"，以示不忘其根本。大型约克夏猪就是现在"洋三元"（杂交必备品种，即杜洛克、大白、长白）中的"大白"；1887年丹麦从英国引进大型约克夏猪与土种白猪进行杂交改良，培育出了世界上著名的腌肉型品种——丹麦长白猪，也就是我国农民俗称的"长白"。

为了避免这条产业链从源头便被外资抓在手里，"提高种猪生产性能，逐步缩小与发达国家差距，改变我国优良种猪长期依赖国外的格局"，农业部制定和实施了《全国生猪遗传改良计划（2009—2020年）》，已经有37家企业入围了国家核心育种场的种猪企业名单。该计划的专家组组长就是陈瑶生。他的内心对于瘦肉型种猪供种的本土化充满希望。作为一名科学家，他的观点也许最能代表大众的心声：核心群种猪自给，有计划地少量引种。他能成为养猪界的"陈隆平"吗？让我们拭目以待吧。

宏观调控之"猪魔咒"

政府对于猪产业链的宏观调控自然也像粮食品种一样，既要调控市场供应、平抑猪肉价格，又要兼顾产业安全。不过，相对于其他农产品来讲，由于猪的市场规模庞大和动物性特征，致使调控难度增大。发改委每出重拳，市场就有"猪魔咒"来应对。

其实，从2007年的猪价疯狂上涨，就应该能够总结出一些调控方式的经验教训。经过前面的分析大家明白了，2007年上半年的价格飞涨，实际上是2006年下半年由于疫病造成的供应量减少所致，但是农业部门直到2007年7月才出面公开疫情及生猪死亡数量，而且对2006年的疫情及生猪死亡情况只字不提，这其实直接误导了广大养殖户对市场供求关系的判断。中央随后的一连串补贴、保险等措施发布和实施的时间过长，2008年4月，猪肉价格掉头向下。而2008年1月，全国养有能繁母猪的养殖场和养殖户才拿到补贴的钱，900万头能繁母猪人工授精补贴才"有序展开"。这岂不是相当于背道而驰，在补栏泛滥的时候"鼓励"继续补栏吗？

从疫情发布到政策出台的滞后性可以看出，中国生猪市场缺乏一个高效的信息采集、处理分析系统，不能及时准确反映存栏机构的变化趋势。这不仅不能为市场提供重要信息和提示，也无法为政策的及时出台提供依据。因此建议在国务院直接领导下建立生猪市场数据信息中心，并根据真实的数据建立预警系统，向广大散户提出补栏和停止补栏的重要建议。

其次，好政策落实速度缓慢，2007年的补贴和保险政策均在7月份发布，但是补贴的钱落袋为安要在6个月之后，这对于瞬息万变的市场来说，不仅难以起到积极的作用，相反可能会对下一轮周期起到推波助澜的负面作用。为什么不可以像粮食直补一样直接打到养殖户的账号里呢？如果说这是因为在发放补贴前还要花大量的时间去核实养殖户圈里的母猪数量，那就说明信息系统是有问题的。

2012年5月14日发改委宣布，开展冻猪肉收储工作，原因是猪粮比价已经跌破盈亏平衡点，养殖户开始亏损了。逢低买入，逢高抛售，这种常平仓的做法是近两年才在猪肉上被重视起来的。

实际上，中国在20世纪70年代就建立了储备肉制度，90年代储备规模基本保持在15万吨左右，2001年减少至6万吨，而且基本都是活体储备。2007年肉价高涨，动用储备肉的呼声此起彼伏，有关部门也屡次提出将动用储备库但始终不见踪影，于是有人就怀疑储备肉实际上已经没有猪源了。直到南方雪灾来临，才不得不紧急进口12万吨冻猪肉投放市场。

2007年7月，国务院断然决定将储备量提高至12万吨，活体、冻肉各6万吨，常年储备，定期轮换。2008年3月雪灾之痛使温家宝总理作出批示，增加储备至25万吨，其中猪肉20万吨，8万吨活体储备，12万吨冻肉储备，同时改变以往租用社会冷库、丧失调控主动权的局面，建立中央直属储备库、储备肉冷库共计11座万吨冷库，包括第一批的蒲江、周口、太仓、大兴和汕尾5个冷库，和第二批的德州、合肥、大连、长春、长沙、武汉6个冷库。可以说，中央储备肉制度的建立和完善，是第二轮亦即2007年疯狂的猪肉阻击战的一大胜利果实。

除了价格的调控，产业安全也是宏观调控的一大难题。一方面，类似高盛"斩首"双汇的股权投资必须禁止，漯河市政府"转让国有产权有利于国有资产收益最大化"的逻辑大有疑问，以放弃控制权为代价换取现金是否国资部门的职责？如果这样的道理大行其道，岂不是所有发展势头良好的国企国有资本都可以退出了吗？另一方面，在国外实业资本进入中国关键领域，比如种猪养殖环节进行投资时，也必须界定股权比例应为中方控股，《种子法》如此，活畜种子为何不行？

　　重新定位国有企业职能仍然尤为重要。以中粮集团为例，该公司历史上多次"奉命养猪"，但都没有成为中国的养殖巨头。2011年6月，国内生猪价格屡创新高，中粮再爆热点新闻：将与日本三菱商事株式会社成立合资公司。与外资一样，中粮也准备在猪业大干一场了吗？笔者没办法回答这个问题。在国企体制定位不清、考核仅以资产保值增值为标准的体系内，寄希望于类似中粮的国企达到对市场和产业的有效控制，恐怕也有点一厢情愿的意思吧。

第十三章
最痛苦的"最后一千米"

黑石闪电来去寿光批发市场

中国批发业大门洞开

批发市场究竟是做企业还是做公益

家乐福成了"周扒皮"

家乐福是怎样"堕落"的

错综复杂的商超利益链

自建终端的困局

相关立法时不我待

第十三章 最痛苦的"最后一千米"

"**锄**禾日当午,汗滴禾下土。谁知盘中餐,粒粒皆辛苦。"这首唐朝李绅的《悯农》诗在中国妇孺皆知。对经历过漫长的农业社会的中国而言,这不仅仅是一首诗歌,还传递着一种启蒙的意义,告知人们农事艰辛,不要浪费。

不过,这首诗中所讲的农民与耕种,已经不能展现现代农业的整体面貌了。通过前面的章节,想必大家都已对农业的产业链有了大概的了解:

育种→化肥农药(饲料)制造→种植(养殖)→贸易或进出口→加工→食品制造

不过,到此还没有结束,因为大家不可能直接到食品加工厂里排队买食品,而农贸市场或超市就成为农产品和终端消费者见面的"最后一千米",这"最后一千米"恰恰是外资的天下,由于中国零售业向几大超商集中的趋势越来越明显,超商与上游供货商之间的话语权严重不对等,成为了中国农业的锁喉之痛。

当然,想进入各大超市,生产者还必须先通过一个环节:农产品批发市场。对于那些蔬菜、生鲜肉类等,这是一个不可越过的坎儿。批发商又是一个什么概念呢?一般人只知道批发价比零售价便宜,但是很少有人知道批发商掌握着全国资源配置的生杀大权,控制了批发业,就等于控制了中国农产品加工业的命脉。

至于中国的农产品批发市场什么面貌,我想大家都有直观的体验:永远湿漉漉的,污水横流,垃圾遍地,各种腐败变质的食物的味道,加上动物、海鲜的味道令人作呕,这里的人也是鱼龙混杂,治安问题严重……就是全国农产品批发市场的缩影。

不过,随着黑石等外资的介入,这些批发市场或许很快就会改头换面了。事实上,我国很多地区的农产品批发市场,都已经有了外资的身影。

这自然是一个值得警惕的发展趋势。

黑石闪电来去寿光批发市场

黑石高调投资的是山东省的寿光蔬菜批发市场。

黑石是谁呢?全世界最大的独立另类资产管理机构之一,也是一家金融咨询服务机构。由于它面对的客户主要是投资机构,因此中国的老百姓对它并不熟悉,但看一看这个数据就知道黑石的厉害了:2006年,黑石的盈利超过了22亿美元,人均创造利润295万美元,这个水平是高盛的8倍。有人甚至说,黑石才是华尔街真正的私募基金老大。

而寿光蔬菜批发市场也不是泛泛之辈,这是中国最大的蔬菜集散中心,也是中国最大的物流配送中心。有近30年历史,每年蔬菜成交量达40亿千克,交易额约56亿元。北京人吃的菜主要来自寿光。

在外资入主寿光农产品批发市场前,深圳农产品股份有限公司是这里的大老板。深圳农产品是国内农产品流通行业的首家上市公司,于2003年与寿光蔬菜集团共同组建了山东寿光蔬菜批发市场有限公司。在新公司中,深圳农产品出资6000万元,占股54.41%,寿光市国资局出资5028万元,占45.59%。

经过一系列整改后，该市场利润增长率达100%。但深圳农产品认为，寿光蔬菜批发市场要想在竞争中立于不败之地，规模还是小了点。因此，深圳农产品以公告的形式表示，拟在寿光地区购买土地，用于寿光蔬菜批发市场二期工程的建设。

但是仅仅一年多的时间里，深圳农产品就撒手不干了，并决定转让其拥有的全部股权。发布的公告中解释的理由为：难以保证山东省寿光蔬菜批发市场的正常持续经营，继续持有的系统性风险较大。在深圳农产品从2003年进入到2009年退出的6年间，寿光蔬菜批发市场可谓蒸蒸日上，到了2008年，深圳农产品从中获利达3000多万元。但公告中却表示"难以持续经营"。这其中到底有什么变故？

原来，是碰上了更加强大的竞争对手。这个强大的对手就是香港旺益集团，该集团准备投资20亿元，计划建成占地3000亩的寿光农产品物流园。在旺益的计划中，建成后这里的蔬菜水果等农产品的年交易量可达100亿千克，净利润达8亿元。

随后，黑石集团出现了，由黑石牵头的国际私募资本注资6亿美元与旺益集团等组建了地利控股集团有限公司，旺益集团控股54%，黑石主导的私募资本持股30%，地方政府约为16%。地利控股拟以寿光物流园等批发市场为依托在香港上市，并打造一个遍布全中国的农产品批发物流网络。

就在人们满怀期待的时候，寿光物流园又出现了变化。2011年5月，黑石再次高调发声，只不过这次宣布的内容是"撤股"。

分析人士认为，黑石的退出可能有以下几个原因：一是寿光物流园原本计划与中国农业银行合作开发"交易卡"业务，持卡者不仅可以直接划账交易，还可借其实现交易账户和银行账户的资金互转，但这项业务最终未获批准；二是原有的股东之一——中商集团拒绝转让股份；三是目前中国国内对外资并购农产品批发市场的议论颇多，使黑石承受了很大的社会舆论压力。

黑石突然进入，给业内带来的是震惊；其突然离去，给业内带来的还是震惊。黑石的离去，让很多爱国人士松了口气，他们以为，此后应该不用再为了外资并购寿光蔬菜批发市场的问题担忧了。但结果，接手的还是外资。

就在黑石退出手续还未办妥之际，作为寿光物流园的投资方之一的美国华平投资就表示打算增持寿光物流园的股份。华平投资似乎并不十分在意物流园存在的问题，准备联手泰国正大和中信国际组成竞购团队，以达到增持的目的。

中国批发业大门洞开

或许有人会问，批发环节既然如此重要，国家难道对于外资没有做过什么限制吗？

事实上，1992年，中国政府在零售业对外资开放的时候明确宣布：批发业属于禁区。直到1999年，国务院发布了《外商投资商业企业试点办法》，办法规定北京、上海、天津和重庆分别试点成立一家中外合资批发企业，但必须由中方控股。加入世贸组织之时，中国政府承诺，在加入WTO后的一年内，外资可设立合资企业从事除盐和烟草外的批发及佣金代理业务。在股份方面，中国政府承诺加入WTO后两年内允许外资拥有合资批发企业的多数股权，取消地域或数量限制。三年内取消对外资的限制，外资可成立独资批发企业，但经营化肥、成品油和原油除外。

2004年6月，商务部颁布了《外商投资商业领域管理办法》，中国的批发业正式对外开放。农产品批发作为批发业中的一个行业，属于上述范围。2004年,商务部就批准设立了11个外资批发企业。

除了新闯入的企业,目前外资大型连锁超市在中国的发展已经相当成熟,家乐福、沃尔玛等外资巨头在农产品零售领域已占据了相当的份额。掌控了零售终端,使得几大零售巨头杀入批发领域具备了极大的优势。一旦时机成熟,相信它们绝不会手软。

随着对中国批发业熟悉度的加强,外资在中国进入农产品批发领域的速度也逐步加快,尤其是自2008年以来,这种趋势更是明显。目前,东北的哈尔滨、齐齐哈尔、长春、沈阳,四川的成都,湖北的武汉等地的农产品批发市场已经被外资占领了相当一部分。

当然,也并非所有批发市场都欢迎外资。北京的新发地就是一个例外。

2008年,新发地开始筹划上市,上市就需要融资。外资普遍认为机会出现了。就在新发地谋求上市的消息刚刚发布后,就有外资投资机构表达入股的意愿。此后美国、香港等地的多家外资先后与新发地接洽,但都被董事长张玉玺拒绝了。他坚决表示,反对外资进入中国的农产品流通领域。

但究竟有多少批发商可以抵挡得了外资的诱惑,就很难预料了。

批发市场究竟是做企业还是做公益

说起来,也不能怪中国的批发商们缺乏爱国心,因为中国的批发市场是属于"企业型",绝大多数批发市场都不需要政府主管部门的审批,而投资的主体主要为民营资本。作为企业,当然希望投资越多越好,投资者的实力越强越好。这种批发制度就注定了农产品批发市场缺乏总体规划，相关部门对批发市场的控制能力也较弱。

而在日本、韩国等国家，批发市场主要是"公益型"的。"公益型"农产品批发市场的建立需要相关业务主管部门的审批，而投资主体为国有，或地方共同投资，对于开设新市场，会受到批发市场总体规划的严格限制。美国也非常类似，批发市场的土地、设备都由政府投资购买和建设，然后交由一个独立的公司去管理，这个公司需要向政府交纳租金。市场管理严格，进出都要检查，政府卫生部门每天都要进去抽查。美国人认为，正像城市的人们离不开自来水和电力照明一样，城市的人们也离不开蔬菜和肉类，建设批发市场就像建设自来水厂一样，批发市场成为城市一种公益设施。

由于对民营资本的开放度很大，20世纪80年代后，中国的农产品批发市场获得了长足发展，目前社会资金兴办的就达到了4300多家。但这些批发市场从某种程度上说，仅仅是农贸市场的放大，脏、乱、差、"乱批"等问题突出，从长远来看，这些批发市场大部分都要退出历史的舞台。

要推进农业的现代化，离不开农产品流通的现代化。流通成本居高不下，农产品价格就不可能下降。目前在中国，由于产业集中度低，单个批发商的经营规模没有发展起来，成本难以降低，流通成本高达50%~70%。早在20世纪90年代，美国就降到了12%，目前更是下降到10%以下。什么原因呢？就是因为美国的批发市场中的批发商数量虽然不多，但是单体经营规模很大，几乎可以垄断某一项产品的流通。这样规模的批发商不仅经受得住市场风险，而且可以成为政府宏观调控的重要帮手。

由于批发市场掌握在政府手中，政府可以为批发商提供诸多民营投资者不愿或无法提供的服务，比如增加冷库设施。目前我国建有冷库设施的批发市场还很少，一般都是当天上市当天售完，否则商品质量难以保持，造成损失和浪费。

再比如在批发市场中设立加工生产线和配送中心，这是现代批发市场的重要组成部分，批发市场开展配送业务具有得天独厚的优势。

不过，发达国家的先进经验，只有在当政府对批发市场进行统一规划之时，才能有实际的借鉴意义，而目前仅仅为了增加GDP，把公益性质的批发市场抛给外资了事只能为未来埋下祸根。

家乐福成了"周扒皮"

说完批发，我们再来看看超市。

2007年的时候，全国工商联农业产业商会培训部找到笔者，就举办"农产品进超市"研讨会征求意见。我很不乐观地说出了自己的看法：研讨会是否能举办成功不取决于农产品企业的热情，而是取决于超市的老总能来几位。果不其然，研讨会当天，只有国内的一两家超市派了代表前来参会，家乐福、沃尔玛这样的巨型零超连一个普通的采购员都未见踪影，整个会议主题由"农超对接"演变成了一场"声讨超市"的批判大会。

几年过去之后，零供矛盾不仅没有缓解，反有加剧之势。九三粮油工业集团一位高管描述与家乐福合作时的尴尬处境说："厂商被盘剥，几乎是穿着衣服进去，光着身子出来。"

早在2010年上半年，九三油脂与哈尔滨家乐福的矛盾就开始升级，大约到了2011年年初，九三停止了对当地家乐福的供货。原因是九三油脂对于家乐福的收费到了忍无可忍的地步。那位高管继续这样形容两家的合作关系："一年下来等于白忙活。不仅是尽责任、义务的问题，而是在'献血'。"

吐苦水的不只是九三油脂，中粮集团旗下的福临门已经是消费者耳熟能详的名牌，但家乐福照样不给面子，在与中粮签订年度采购合同时态度非常强硬。中粮是谁？航母级别的中国企业，自然不肯在家乐福面前低头，双方之间也摩擦不断。但是像九三油脂和中粮这样，敢于站起来与家乐福对抗的中国企业少之又少，虽然受到的盘剥比这两家企业更加严酷，但它们只能忍气吞声，否则可能失去更多。

农产品最大的销售渠道一直以来都是农贸市场。虽然农贸市场的销售规模巨大，但在那里销售的农产品质量却良莠不齐，很多地区的农贸市场被假冒伪劣产品充斥，因此，在大城市，很多市民都会选择到超市购买农产品。

2003年，中国农业科学院农业经济研究所对此进行了专门的调查，结果显示，当时商超的销售总额约为4400亿元，食品类约占2880亿元。而在食品中，蔬菜类、肉类、蛋禽类等生鲜农产品约占1/3。由此可知，农产品已经成为商超销售量最多的品类。

农产品通过商超途径销售，是未来发展的必然趋势。早在20世纪40年代，美国超市就开始销售农产品，到了20世纪末，美国85%的农产品都是通过超市销售的。在美国，用了60年时间，农产品就占据了超市的主导地位；在欧洲，65%的农产品通过超市销售，这个过程只用了40年时间；在拉丁美洲，60%的农产品通过超市销售，这个过程仅仅用了短短的20年时间。有专家认为，在中国，这一过程会更短。

其实，供应商并非必定要接受超市的盘剥。当某个行业主要由几家大企业占据大部分市场份额的时候，供应商说话就"有分量"了，可以掌握更多的主动权。例如，宝洁就可以给各大超市开罚单，还可以直接进入沃尔玛的内部体系查阅产品的销售记录。

但这种情况在中国的农产品领域却很难实现。中国的猪肉加工业在农产品中已经算是发展最快的行业了，但前三大肉类加工企业的市场份额不足全国的3%。其他发达国家也和美国一样，具有很强的行业集中度。这就是在中国横行霸道的家乐福却在很多国家经常吃闭门羹的原因。例如，家乐福曾先后进入韩国和瑞士开拓市场，但最终都被迫退出了。在这些国家，家乐福变成了供应商的打工仔。中国的情况正好相反，以家乐福为首的外资零售企业掐住了中国农产品加工企业的脖子，而且，越掐越紧。

中国农产品加工企业的出路在何方？有种悲观的论调认为，面对零售终端的盘剥，它们最后很可能将自己卖给外资。

家乐福是怎样"堕落"的

随着家乐福、沃尔玛、麦德龙等外资零售商超在华开店速度的加快，其势能已经足以凌驾于几乎所有的供应商之上，"不进超市是等死，进超市是找死"就是对这一势能的深刻描绘。当手中的权力成为霸权之后，超市就可以改变规则，另立标准，不管这标准是否合乎公平之意，反正没有法律管着就没关系。

零售超市应该是以进销差价作为主要利润来源，但是家乐福却对传统的盈利模式进行了改造，变成了以"收费"模式作为主要利润来源。这一模式深得中国零售超市欢心，迅速被复制到整个行业。收费的名目也一项项被发明出来，直接写进采购合同，同意吗？不同意，你的货品就下架。

2003年，一家农产品加工企业与家乐福爆发了冲突，供应商停止向家乐福供货，并公布了家乐福门店盘剥自己的清单：

中国农业真相

  法国节日店庆，10万元/年；中国节庆，30万元/年；新店开张，1万~2万元；老店翻新，1万~2万元；海报，2000元；新产品，1000元；人员管理，每月2000元/人；产品放在货架前端，2000元；产品堆放在走道前端，3万~10万元。

  出厂价让利，占销售额的8%；咨询费，占2%；排面管理费，占2.5%；送货不及时扣款，每天3‰；无条件退货，占3%~5%；税差，占5%~6%。

  补差价，同样的产品，只要发现有任何一家商店的价格低于家乐福，企业必须向家乐福缴纳相当数额的罚金。

  按照这个标准计算，家乐福收取的费用最多占到企业销售额的23.5%，而农产品加工行业的最高利润为15%，算下来，产品进超市，不仅不会赚钱，还会亏损8.5%。

  据《新京报》报道，家乐福中国区CEO罗国伟曾表示，家乐福的目标是在4~5年内，将其在中国的门店数发展到300家。看来中国的农产品加工企业得准备足够的资金，供家乐福盘剥了。

  其实，家乐福最初也并非这么贪婪。一位在北京家乐福采购部门工作过的梅女士说，曾有一位中小供应商为了把商品打进家乐福，天天来找她，"他每天八点半准时来我办公室上班"。为了打动梅女士，他说："我有7种商品，每种我给你5万元，算是进店费好了，怎么样？"梅女士头一次碰到这种事情，不知如何应对，只好找到了法国老板，法国人惊讶地看着她："为什么？这是为什么？"梅女士摇摇头。法国老板问梅女士那七种产品怎么样？她回答说："我想，那不是我们需要的产品。"法国老板想了半天，最后几乎是咬着牙说道："答应他。"

  讲这个故事的目的其实是想说明，家乐福后来的"堕落"，有一部分原因是受了供应商的诱惑。

而另一家外资超商沃尔玛1996年进入中国时，也是不收取任何费用的，并且与供应商建立了良好的合作关系。但是，随着零售业竞争的加剧，超市的利润越来越低，沃尔玛也不得不面对生存问题，无奈之下，也采用了家乐福的模式。

不同的是，沃尔玛不会在合同里规定供应商到底应该向超市提供哪些费用，而只是在采购员与供应商沟通的时候，以口头传达的方式告知供应商应该交多少钱。相对来说，沃尔玛收取的费用还算是比较低的。

其实，超市也算是被逼上了这条路，因为从所售商品中获得的利润并不高，平均也才2%～3%。有些超市为了吸引顾客，100元钱进的货物，就100元钱卖，或只卖101元，更有甚者，以低于货款的进货价格卖出。为了降低运营成本，只能损失供应商的利润了。

但没想到，收费也像吸毒一样，让人上瘾，欲罢不能。

错综复杂的商超利益链

家乐福强势，在家乐福工作的员工也很嚣张，掌握了某种权利的员工都拥有很大的索贿受贿的空间。

在家乐福，一些员工居然直接向供应商伸手要钱。2007年8月，北京家乐福马连道店7名在生鲜部门担任管理职务的员工，接受了同一家企业的贿赂，结果被告上了法庭。在审判过程中，一名员工公开宣称，这是业内的惯例。

这折射出在超市强势的背后，已经形成了各种错综复杂的利益链。企业交给超市的各种费用，只是摆在桌面上的，在桌面下，企业还要出钱，才能保证产品在超市中顺利销售。一种产品从工厂到货架上，至少要经过6个人：3个前期人员，包括采购助理、采购员、采购总监，这3个人的作用在于是否买一家企业的产品；3个后期人员，店长、部门课长、店员，这3个人决定是否把货摆在货架上和放在什么位置。这几个人一个人不打点都不行。

大家都知道，这是个无底洞，但是，想进超市的企业那么多，你不掏钱，自然有人掏钱，即使出了钱，还要看掏多少。比如饮料行业，为了垄断华南市场，可口可乐给华润万家每个城市门店的"冰柜费"就达200万元。别的企业又如何能落后呢？

超市中还有一个潜规则：扣点。扣点，就是按销售额的百分比给超市返利，一个点即为1%。而扣点也有学问，分公开扣点和私人扣点，前者为超市利润，后者则进入相关负责人的腰包。到了2008年，虽然家乐福不再要求肉类和蔬菜类的供应商扣点，但私人扣点依然存在。如果某个供应商不尽快结算扣点，那么麻烦很快会接踵而至。比如，超市对自己商品的需求莫名其妙减少了，或者最后根本就没有需求了，又或者，虽然部门负责人不得不定此前超市早就敲定好的产品，但是，如果这个负责人不高兴，那么他可以一天只向企业下一点点订单，而等到缺货的时候，再马上让企业补货，这样的话，企业就要经常往这个超市送货，包括运输、人工等成本立刻上升。即使供应商投诉也没用，因为为了降低超市的库存指标，部门负责人有权这么做。为了省点钱，供应商必须接受这些潜规则，并乖乖地按每天的进货额给部门负责人一到两个扣点，一般不超三个。

更加令供应商头疼的招数是串货。如果在月初超市不进货，企业的销售人员就急了，担心完不成任务，只有找到相关人员，并表示给更高的扣点，超市才会马上大量进货。由于扣点高了，该次进货的价格也低了，但在超市进完这批货后，超市的人可以马上再以原来的价格向其他超市卖出这批货物，从中赚取差价。

一般，在供应商与企业签订协议时，都会涉及这样的内容，超市给供应商留下大约20%左右的利润空间。但这对于企业来说只是一个可望而不可即的数字，经过了超市的层层"扒皮"后，其中的15%，供应商最终还是要送给超市，再加上打点超市相关人员的费用，供应商顶多得个4%就算不错了。

自建终端的困局

话说到这里，农业领域的朋友可能会问了：不是有"农超对接"吗？难道一点帮助没有吗？

所谓"农超对接"，就是把农民生产出来的产品，直接送入超市，这样就可以减少流通成本，让农产品的价格降下来。而这次与超市打交道的主角变成了农民专业合作社中的农民。严格来说，这是一项以政府部门红头文件推进的经营模式。应该说，一般政府大力提倡的，开始总是能够得到企业，特别是带头企业的响应。

家乐福就是最早推广"农超对接"的企业之一，并且对"农超对接"的产品，免收进场费。但事实上卖菜的农民也没有得着什么实惠。

拿广东一家农民专业合作社的理事长王先生来说，自己的产品能够进入家乐福，确实是值得高兴的事。不过，他认为，自己的菜要在家乐福卖出钱来是不可能的，进入家乐福更多的意义在于体现了自己产品的品牌价值，等于就是家乐福给自己做做广告，以后卖自己的产品好卖了，价格也能卖得高点。

对于不赚钱的原因，王先生解释说，虽然是他在卖蔬菜，但自己却决定不了蔬菜的价格，价格完全由家乐福说了算。而且，家乐福对蔬菜的要求也高，一句话，就是产品要最好的，价格却要是最低的。此外，一到晚上，未卖出的菜就得降价处理，而蔬菜的损耗都得自己承担。还有，一般价格是通过合同来约定，但赶上市场上的菜价下跌时，家乐福就想压低收购价，但又不便违约，这时相关负责人员就会以种种理由拒绝收货，比如产品不好卖，或质量有问题等；当然，要是农民自己主动要求减价出售，就可以解决问题了。经过这一轮下来，指望从家乐福赚到钱，太难了。

就像世界著名的品牌营销专家拉里·莱特所说的："拥有市场比拥有工厂更重要，控制了零售市场才是真正意义上的拥有市场。"市场在人家手里，只依靠别人的施舍度日的滋味自然不好受。

既然超市的环境如此恶劣，农产品加工企业何不自建终端，自己开直营门店呢？其实，家电行业已经有了成功的先例，可供农产品加工企业学习。

关于这条路，农产品加工企业不是没想过。早在2002年，饮料行业的一些企业，比如汇源果汁，就开始自建专卖店。此后，蒙牛、雨润都相继开设了自己的专卖店。不过，经过了一段时期的探索之后，企业逐渐发现了自建终端并非易事。

现代人的消费方式已经发生了改变，尤其是白领阶层，整天忙于工作没有太多的闲暇时间。因此，一般人都是到超市一次性购回几天的日常用品，而不会专门跑几个地方购买。

此外，房租也是一个问题。超市之所以销量大，是因为占据了较好的地理位置。而在这些地区，房租都较高，此外，再加上人力成本等，又是一笔不小的开销。连双汇这样的行业巨头，都出现过专卖店的销售额不抵房租的情况，对于小企业来说，更是如此。

在闷着头开设了一些专卖店后，农产品加工企业逐渐发现，这些散落在全国各地的专卖店管理难度相当大，很多都处于亏损的边缘。赶上专卖店附近有家超市，就注定了这家专卖店无法生存。

相关立法时不我待

对于上游企业来说，直营店前途叵测，超市还是不得不倚赖的渠道。那么，难道只能任由这个行业向畸形发展吗？

其实在美国20世纪30年代中期，零供矛盾也非常尖锐，零售连锁企业店大欺客，向供应商收取各种费用，包括进场费、提高折扣比例等，使供应商不堪重负，情况与当下的中国相仿。最终全美的中小供应商联合起来向美国联邦法院起诉。这次起诉改变了美国零售业的历史，诞生了1936年的《罗宾逊-帕特曼法案》。法案规定不许收取进场费，禁止特殊折扣，和对供应商因大小有别而采取歧视政策。美国目前已经形成了比较完善的反垄断法律体系，在规范低价倾销方面，各州有《最低价格法》；规范压榨和合谋的法律则有《谢尔曼反托拉斯法》等。

我国政府也意识到了问题的严重性，2011年12月26日商务部等五部门联合印发了关于《清理整顿大型零售企业向供应商违规收费工作方案》，迫使家乐福在2012年"五一"节过后宣布将取消针对供应商的"无条件返利"。"无条件返利"是一直纠结着供应商的"肉中刺"，按照惯例，零售商与供应商谈全年总合同时，双方会制定一个"目标销售额"，零售商都将按照"目标销售额"乘以费率来收取返利（即促销服务费），不管在这一年中实际销售数量是否真正达到了目标销售额。这就是所谓的"无条件返利"。

但是，这种行政执法的手段究竟能够取得多少效果令人担忧，因为行政执法总是热一阵之后又故态复萌。

2006年11月15日，政府曾公布实施过《零售商供应商公平交易管理办法》，但成效不大。原因是当供货商以零售商违反该《办法》向有关部门投诉或诉诸法律时，有关部门和法院不以该法作为执法依据，理由是《合同法》规定，只有全国人大和国务院颁布的法律和法规才能作为认定合同内容无效的法律依据，而这个《办法》只是部门规章，不能作为依据。

可见，要想进一步规范零售行业，同时促进相关产业的健康发展，我们在立法上还需要更进一步。

跋

  一般行业的历史是线性的，相关的知识点、行业转折点、关键人物均按时间顺序展开。但农业不是，它由许多分行业组成，这些分行业的相关性各不相同。有的是上下游关系，比如养殖和屠宰；有的是并列组合关系，比如种子和化肥；还有的是替代联动关系，比如燃料乙醇和玉米。如果把这些相关行业的关系用图形表示出来，那一定是一张蜘蛛网。这就是写作这本书最辛苦的地方，因为这要求写作者掌握每一个行业的相关知识，并且了解它们的历史。当然，写作者不能仅仅要求自己发挥百科全书和历史教科书的作用，尽管做到这一点已经十分艰难，还要通过分析历史和现状，对未来的趋势有一定的预测，并能够提出对行业和政策有益的建议。

  笔者所掌握的基本农业知识，大部分形成于创办《大生》杂志时期，从这一点上来说，这本书的内容是所有大生人的汗水的结晶。在此向我曾经的同事们致敬。

  笔者希望自己的观点更接近客观，不过笔者也很清楚，自己的观点建立在一个基础之上，这个基础就是国家意识。小的时候，我们总是期盼离开农村，长大之后呢，我们又总是期盼离开中国。不过，当我成为城里人之后，我才发现我的根在曾经生活的村庄。

在本书的成书过程中，还要感谢我曾经的同事卢敬春，她为我的写作做了大量的资料搜集和整理工作；感谢曾经的同事王毅，他为本书制作了所需要的图表；感谢我的朋友、北京日知图书公司著名的策划编辑杨水秀，是她的努力使本书得以面世；感谢出版本书的出版社的朋友们。